国家出版基金项目
NATIONAL PUBLICATION FOUNDATION

"百部好书"扶持项目
GUANGDONG PUBLISHING

创客志

中国创业经典
案例研究

创客的梦想家园

—— 中国创客空间发展案例研究 ——

樊建平　张玉利　主编　　杨柳　著

海天出版社

·深圳·

图书在版编目 (CIP) 数据

创客的梦想家园 : 中国创客空间发展案例研究 / 樊
建平, 张玉利主编 ; 杨柳著. —深圳 : 海天出版社,2018.12
（创客志 : 中国创业经典案例研究）

ISBN 978-7-5507-2510-2

Ⅰ.①创… Ⅱ.①樊… ②张… ③杨… Ⅲ.①企业管
理—案例—中国 Ⅳ.①F279.23

中国版本图书馆CIP数据核字（2018）第247324号

创 客 的 梦 想 家 园

CHUANGKE DE MENGXIANG JIAYUAN

出 品 人	聂雄前
责任编辑	陈少扬
特约编辑	薛静萍
责任技编	陈洁霞
责任校对	张　敏
封面设计	李　礼

出版发行	海天出版社
地　　址	深圳市彩田南路海天大厦　（518033）
网　　址	www.htph.com.cn
订购电话	0755-83460239
设计制作	蒙丹广告0755-82027867
印　　刷	深圳市新联美术印刷有限公司
开　　本	787mm×1092mm　1/16
印　　张	15
字　　数	130千
版　　次	2018年12月第1版
印　　次	2018年12月第1次
定　　价	68.00元

总序

从 2011 年 "maker" 一词被翻译成 "创客" 进入中文,到 2015 年 "创客" 第一次进入政府工作报告,短短几年,创客就从原本的小众文化发展成我国一、二线城市流行文化的组成部分,并且和创新创业联系在一起,形成北京、上海、深圳三大创客文化生态圈。

相信很多人跟我一样,就是在这段时间开始知道创客、认识创客,并且逐渐有了一些了解。让我真正对创客感兴趣,并且想为创客写点儿东西的是国务院总理李克强对创客的肯定。2015 年 1 月 4 日,国务院总理李克强考察深圳柴火创客空间,并且在现场体验之后说:"创客充分展示了大众创业、万众创新的活力。这种活力和创造,将会成为中国经济未来增长的不熄引擎。"因为生活在深圳,因为曾经作为记者积累的资源,我有许多机会接近创客群体,对他们了解得越多,我的书写愿望就越强烈。因为我特别希望能把自己了解到的创业故事和创业经验分享给更多不断加入创业大军的朋友们,帮助他们理性创业,在创业初期尽量避免踏入一些 "坑",少走一些弯路。

想不到的是,在深圳,也有人和我一样。2016年,当接到海天出版社的邀请,了解"创客志:中国创业经典案例研究"出版项目的策划思路之后,我既激动又忐忑。激动的是竟然遇到知音,离实现愿望又近了一步;忐忑的是,这是为改革开放四十周年献礼的重要项目,海天出版社从2015年就已经开始酝酿,不知我是否能够胜任。海天出版社的回复让我心安。该项目的两位主编都是"大咖":樊建平教授是中科院深圳先进技术研究院院长,有"人才伯乐"的美誉,在汇聚高端人才、探索科研体制创新方面有突出成绩;张玉利教授是南开大学博士生导师、教育部长江学者特聘教授,也是教育部高等学校创业教育指导委员会委员,在推动创业研究与教育工作方面颇有建树。此外,知名创客平台中科创客学院也将给予专业指导和资源支撑。如此,后顾之忧少了,我也就鼓足勇气承接了这套丛书的采访和主要撰写工作。

此后,经过将近一年的调研和讨论,这个项目的脉络逐渐清晰,最终确定了欣赏性与研究性共存的编撰理念,既全面展现我国当前的创新创业形态,又集中反映近二十年涌现的创业群体。在此基础上,为了将创业者的经验更科学地归类整理,方便读者各取所需,按照创业主体类型,我们划分出众创空间、明星企业创业、高级知识分子创业、高管创业和草根创业等五类,最后形成五个分册。其中,《创客的梦想家园》对国内外创客空间进行对比研究,总结出我国众创空间的六大模式,重点介绍了十三家知名众创空间;《明星企业的逆袭传奇》介绍了马化腾、陈清州、高云峰、周剑等明星企业家的创业经历和对未来的规划;《从高知到企业家的蝶变》介绍了刘自鸿、盛司潼、汪之涵、黄源浩、陈宁等高层次人才的创业故事,总结出高知创业者死亡陷阱和"六大生存法则";

《高管创业的基因解码》介绍了唐欣、李建成、古永承等从华为、腾讯、比亚迪、中兴通讯等大型科技企业出来的高管创业者，归纳出高管创业者的"制胜五式"；《草根创业逐梦令》采访了为草根创业者服务的深圳梧桐会负责人苗科学，以及刘培超、黄嵩、汤洋等草根创业者的创业历程，总结了草根创业的四个关键字。

这个项目的采访和撰写时间集中在 2017 年。2018 年 1 月成稿后，因为部分企业又有了新的发展，通过和企业确认，相关信息更新至 2018 年 6 月。唯一更新至 2018 年 10 月的是腾讯创始人马化腾的资料。在 2018 年 10 月 24 日，全国工商联举行新闻发布会，发布由中央统战部、全国工商联共同推荐宣传的"改革开放 40 年百名杰出民营企业家"名单。马化腾入选该名单。

成功的故事人人爱讲，但是如果有人愿意跟你分享经历过的窘境，甚至失败，那一定是对你怀着莫大的信任。很幸运，在采访的过程中，绝大部分受访者都给了我这样的信任。例如，马化腾说，当年在求融资无望的情况下差点儿卖掉 QQ。又例如，优必选创始人周剑说，为了研发人形机器人，卖掉了自己所有的房子和车子。再例如，大族激光创始人高云峰说，最初为了获得发展资金，出让了控股权。因为这样的信任，这套丛书的内容更加精彩，也更具借鉴意义。我发自内心深深感谢这些可爱又可敬的创业者。

在采访、撰写过程中，海天出版社的领导和相关人员也做了大量工作，用一个个振奋人心的消息鼓励我克服困难：2017 年，"创客志：中国创业经典案例研究"出版项目被列入"十三五"国家重点图书、音像、电子出版物规划项目；2018 年，该出版项目获得 2018 年度国家出版基金资助，入选广东省重点出版物暨"百部好书"，同时被列为广东省纪念改革开放四十周年重点选题。在萌生为创客写点儿东西的想法的时候，我从没想到我的愿望竟能以这么华丽的形式实现。我真的非常感谢海天出版社。

我们有幸生长在这样一个美好的时代，我们不能辜负这个时代和机遇。谨以"创客志：中国创业经典案例研究"丛书向这个时代、向每一位孜孜奋斗的创业者致敬。

杨柳

2018 年 10 月 26 日

前言

"双创"背景下看众创空间

为加快实施创新驱动发展战略，适应和引领经济发展新常态，顺应网络时代大众创业、万众创新的新趋势，加快发展众创空间等新型创业服务平台，2015年3月11日，国务院印发了《关于发展众创空间推进大众创新创业的指导意见》，从国家层面进行部署。此后，"众创空间"和"创客"一样，成为我国经济新常态的热词，全国各地掀起发展众创空间的热潮。

那么，什么是众创空间呢？

和"创客"源自英文"maker"不同，"众创空间"不是外来词，而是科技部在调研了北京、深圳等地的创客空间、孵化器基地等创业服务机构的基础上，总结各地为创业者服务的经验之后提炼出来的一个新词。①

根据科技部2015年9月8日发布的《发展众创空间工作指引》，"众创空间是顺应新一轮科技革命和产业变革新趋势、有效满足网络时代大

---

① 清华大学启迪创新研究院：《2015中国城市创新创业环境评价研究报告》，清华大学出版社，2016，第154页。

众创新创业需求的新型创业服务平台"①。作为针对早期创业的重要服务载体，众创空间为创业者提供低成本的工作空间、网络空间、社交空间和资源共享空间，与科技企业孵化器、加速器、产业园区等共同组成创业孵化链条。可见，众创空间既包括工作场所等物理空间，又包括网络等虚拟空间。因此，发展众创空间"不是'大兴土木'搞建设，而是要在总结车库咖啡、36氪、天使汇等新型孵化器模式的基础上，优化和完善现有创业服务机构的服务业态和运营机制，发挥创业服务机构的集聚效应和创新创业规模优势，让创业者之间自由共享经验、知识、思想和仪器设备等创业资源"②。

在这样的背景下，北京、上海、深圳等地原有的创客空间、孵化器等由小众走向大众，得到更大的发展，同时又有一大批新的众创空间诞生并发展壮大起来。以深圳为例，柴火创客空间、深圳留学生创业园、中科创客学院、深创谷、华强北国际创客中心、星河·领创天下、前海创投孵化器、松禾创新孵化器等一大批创新型众创空间在各自专注的领域发挥越来越大的作用，不仅为海归高层次科技人才、企业高管，也为普通的草根创业者，提供理想的创新创业家园。

那么，在现阶段的创新创业浪潮中，众创空间在实际应用中是如何发挥作用的呢？这便是本书研究的重点。

本书以深圳的众创空间为例，总结了六种模式，包括：（1）综合

---

① 科技部：《发展众创空间工作指引》，中华人民共和国科技部网站2015年9月14日，http://www.most.gov.cn/mostinfo/xinxifenlei/fgzc/gfxwj/gfxwj2015/201509/t20150914_121587.htm，访问日期：2017年6月5日。

② 科技部：《发展众创空间 促进大众创业、万众创新》，中华人民共和国科技部网站2015年2月6日，http://www.most.gov.cn/kjbgz/201502/t20150206_118084.htm，访问日期：2017年6月5日。

创业生态型，例如深圳清华大学研究院、中科创客学院、华强北国际创客中心、腾讯众创空间；（2）"天使＋孵化"型，例如创大资本、零到壹、前海梦工厂；（3）开放空间型，例如柴火创客空间、深圳开放创新实验室；（4）新型地产型，例如深圳万科云城、星河·领创天下；（5）依托场地跨界合作型，例如茗创茶社；（6）垂直产业型，例如微游汇孵化器、D+M浪尖智造工场、思享空间。这部分在第二章有详细论述，此处不赘述。

深圳是国内三大创客生态圈之一，被誉为"创客之都"，因此，探究深圳的创新发展，总结深圳众创空间服务初创企业的经验，对全国"双创"建设具有重要的实际意义。基于此，本书在分析深圳"双创"主体、产业结构、制度环境的基础上，重点采访了十三家具有全国影响力的众创空间，包括柴火创客空间、深创谷、萤火工场、前海创投孵化器、松禾创新孵化器等，探讨不同类型的众创空间如何结合自身的特点和优势，把所关注领域的创客、初创企业"扶上马"，甚至"再送一程"。

成功不可复制，但经验可以借鉴，智慧可以传承。希望本书的研究能够为每一位准备投身或已经投身创新创业大潮的创业者提供一些借鉴。

目录

第一章　创客与创客空间的兴起

第一节　国外知名创客空间

"创客"的由来

"创"指创造，"客"指从事某种活动的人。"创客"本指勇于创新，努力将自己的创意变成现实的人。这个词译自英文单词"maker"，源于美国麻省理工学院（Massachusettes Institute of Technology，MIT）微观装配实验室（Fabrication Laboratory，Fab Lab）的实验课题。此课题以创新为理念，以客户为中心，以个人设计、个人制造为核心内容，参与该实验课题的学生即"创客"。[1]

随着信息技术的发展、知识社会的来临，传统的以技术发

---

[1] 《咬文嚼字》编辑部：《2015年十大流行语》，《咬文嚼字》2016年第1期。

展为导向、科研人员为主体、实验室为载体的创新 1.0 模式正在向以用户为中心，以社会实践为舞台，以共同创新、开放创新为特点的用户参与的创新 2.0 模式转变。美国麻省理工学院比特与原子研究中心（Center for Bits and Atoms，CBA）发起的微观装配实验室及其触发的以创客为代表的创新 2.0 模式，正是基于对从个人通信到个人计算，再到个人制造的社会技术发展脉络，试图构建以用户为中心的，面向应用的，融合从创意、设计到制造等各个环节的用户创新制造环境。①

面向知识社会的创新 2.0 模式，消融了创新的边界，用户可以成为创新的动力、创新的主体。后来，"创客"扩展为所有热衷动手实践、以分享技术和交流思想为乐的创新群体。

2015 年 3 月 5 日，国务院总理李克强在《政府工作报告》中指出，要把"大众创业、万众创新"打造成推动中国经济继续前行的"双引擎"之一。②

---

① Neil Gershenfeld，FAB:The Coming Revolution on Your Desktop—from Personal Computers to Personal Fabrication，转引自宋刚、陈凯亮、张楠、唐蔷、朱慧：《Fab Lab 创新模式及其启示》，《科学管理研究》2008 年第 6 期。

② 李克强：《政府工作报告——2015 年 3 月 5 日在第十二届全国人民代表大会第三次会议上》，中国政府网 2015 年 3 月 16 日，http://www.gov.cn/guowuyuan/2015-3-16/content-2835101.htm，访问日期：2017 年 5 月 30 日。

"创客"于是与"大众创业、万众创新"联系在了一起，特指具有创新理念、自主创业的人。[①]

全球创客运动的兴起

有人认为，创客运动是新时代颠覆现实世界的助推器，是一轮具有时代意义的新浪潮。2011年以来，全球掀起了创客文化浪潮。2014年，美国总统奥巴马把"创客"提升到打造新一轮国家创新竞争力的高度，并宣布每年6月18日为"国家创客日"（National Day of Making）。在我国，创客比较活跃的地区是上海、深圳、北京等。2015年3月10日，美国纽约时代广场大屏幕亮起"MAKE WITH SHENZHEN"（与深圳共同创造）的巨幅广告。几乎与此同时，深圳确定在每年6月份专门设立"国际创客周"。

创客的发展离不开一定的场所。创客空间，顾名思义，就是创客进行创造的场所。从发展趋势看，创客空间将成为技术创新活动开展和交流的场所、技术积累的场所，并且将成为创意产生、实现，以及交易的场所，进而成为创业集散地。

①《咬文嚼字》编辑部：《2015年十大流行语》，《咬文嚼字》2016年第1期。

目前，欧美知名的创客空间有混沌电脑俱乐部（Chaos Computer Club）、噪声桥（Noisebridge）、"车库"俱乐部（Artisan's Asylum）、微观装配实验室（Fab Lab）、超级实验室（Metalab）、创客空间（Makerspace）等。中国引入"创客"的概念之后，也逐渐诞生了类似的场所，比较知名的创客空间有新车间、柴火创客空间、中科创客学院、北京创客空间等。

国外知名创客空间

创客空间是一种全新的组织形式和服务平台，通过向创客提供开放的物理空间和原型加工设备，以及组织相关的聚会和工作坊，从而促进知识分享、跨界协作，以及创意的实现，乃至产品化。在国外，与"创客空间"对应的词很多，例如makerspace、hackerspace、creative space，等等。根据成因和呈现形式，这些创客空间可分为黑客空间、研发基地和社区中心等类型。经过多年的发展，国外创客空间的模式已经比较成熟，出现了一批知名的创客空间，对科技创新产生了深远影响。

关于国外知名创客空间，尹煜的《从全球视野看众创空间》[①]一文有较为详细的梳理。以下以此文为基础，分析国外知名创客空间的类型和特点。

混沌电脑俱乐部

混沌电脑俱乐部属于黑客空间类型。1984 年，32 岁的程序员沃·霍兰德（Wau Holland）在德国汉堡成立混沌电脑俱乐部，这是最早的，也是欧洲最大的黑客空间，以揭露重大的技术安全漏洞而闻名。霍兰德认为，"混沌"（chaos）是对当今世界的最好解释。不过，该黑客空间并不仅仅破解电脑，在理想状态下也会楔入到生活的方方面面，可以将其看作是与人类日常生活并行的另一套"系统"。目前，除了"黑客"，混沌电脑俱乐部中记者、学者等也占很大比例。

噪声桥

噪声桥也属于黑客空间，于 2008 年创立，创始人米奇·奥

---

① 尹煜：《从全球视野看众创空间》，《互联网经济》2015 年第 8 期。

特曼（Mitch Altman）被称为"创客教父"。2007年，米奇·奥特曼在德国参加混沌信息交流营（Chaos Communication Camp）之后，产生了在美国设立同类场所的想法，最终于2008年在旧金山成立噪声桥。噪声桥崇尚开放、自由、互助，在有些混乱的表面下按照类似开源社区的组织方式井井有条地运作着，创客空间该有的东西都可以在这里找到，例如切割和焊接工具、3D打印机、电脑、桌上足球、自动售货机、小厨房等。从运作方式上看，噪声桥是个开放的场所，课程以免费为主，内容涵盖从传统制造和3D打印到编程、设计等。

"车库"俱乐部

　　"车库"俱乐部属于研发基地类型，于2010年创立，创始人古伊·卡瓦尔坎迪（Gui Cavalcanti）是一位热衷大型机器人制造的创客，该创客空间源于其制造一个机器人的想法。"车库"俱乐部最初由一个信封工厂改建而成，基本保留了原来的仓库式构造，令人吃惊的是它的面积达4万平方米，这比很多创客空间都要大。"车库"俱乐部是一个非营利团体，采取会员制，每月会员从选择时段的60美元起价，最高200美元即可以获得 24 小时全天候的会员资格和全部公共工具的使用权限。总体上说，"车库"俱乐部类似于研发基地，创客们可以在这里做产品原型，然后再另找地方批量生产。在筹资方面，创客们常常会与众筹平台合作，项目包括纯商业类项目和非营利的公益项目。"车库"俱乐部的创客中，有一些是全职的，但更多的是因为兴趣，自己另有稳定的工作和收入。

微观装配实验室

微观装配实验室属于研发基地类型，是美国麻省理工学院比特与原子研究中心发起的一项新颖的实验，即一个制造产品和工具的小型工厂，最初灵感源于哥申费尔德（Gershenfeld）教授于 1998 年在麻省理工学院开设的一门课程——"如何能够创造任何东西"（How to Make Almost Anything）。没有技术经验的学生们在课堂上创造出很多令人印象深刻的产品，如为鹦鹉制作的网络浏览器、收集尖叫的盒子、保护女性人身安全的配有传感器和防御性毛刺的裙子，等等。这种满足人们自由创造需求的理念，逐渐成为微观装配实验室的目标。微观装配实验室是一个快速建立原型的平台，用户通过其提供的硬件设施以及材料，开放源代码和由麻省理工学院的研究人员开发的程序等电子工具来实现他们想象中的产品设计和制造[①]。截至 2018 年 2 月 23 日，全球范围内已成立 1232 个遵循类似理念和原则的实验室。[②]

超级实验室

超级实验室属于社区中心类型，成立于 2006 年，现在已成为奥地利维也纳的一个高科技社区聚会场所。超级实验室提供 IT、新媒体、数字艺术、网络艺术和黑客文化等领域的物理空间，为技术创意爱好者、创客、创业者和数字艺术家之间的合作提供服务。超级实验室是全球创客空间运动的催化剂，是多家互联网创业公司的发源地。

创客空间

创客空间是一种配备工具的社区中心，为社区提供了制

---

① 宋刚、陈凯亮、张楠、唐蔷、朱慧：《Fab Lab 创新模式及其启示》，《科学管理研究》2008 年第 6 期。

② "Labs"，accessed February 23, 2018, https://www.fablabs.io/labs?locale=en.

造设备，并为成员进行必要的培训，帮助他们利用现有资源进行设计、建模，并制作出那些无法靠个人力量完成制作的作品。创客空间可以是一群有相同兴趣的人互相分享空间和工具的兴趣团体，也可以是商业公司或非营利公司，还可以是学校或图书馆等的附属组织。所有类型的创客空间都是为了能整合制造设备资源，形成社区，进行相关培训，虽然其组织形式各不相同。

国外创客空间经验借鉴

第一，创客空间虽然各有特色，但是"自由""开源""共享"是其比较一致的价值观。创客空间的自由精神，开源、共享机制，使得有着不同经验和技能的爱好者之间，可以更好地交流、碰撞、合作，创造出想要的东西。尤其对于一些小众、有趣的设计和创造，这样一种文化，相比于市场导向的公司，更容易实现。[1]

第二，创客空间的项目覆盖范围广泛。创客们的创造主要

---

[1]　尹煜：《从全球视野看众创空间》，《互联网经济》2015 年第 8 期。

集中在以工程化为导向的研发主题上，例如电子、机械、机器人、3D 打印等，但也包括传统的金属加工、木工及艺术创作。创客们善于挖掘新技术，善于"跨界"创新。①

第三，创客空间的属性多样，可以是非营利组织，也可以是纯商业化机构。非营利的创客空间常由自主组织的模式管理，通过收取会员费和捐款来维持运营。纯商业化机构一般会实行更加严格的会员制管理。②

第四，国外创客空间的作品，许多由众筹网站募集资金。这既与国外众筹的发展水平更高有关，也离不开政府的积极推动。③ 随着我国众筹监管制度的突破和行业的发展，创客空间的产品经由众筹渠道募集资金的情况可能越来越多。

第五，创客不等于创业者，但创客空间却是很好的创业集散地。创客文化是糅合了技术元素的 DIY 文化的延伸。创客们更多是出于兴趣与爱好，而努力把头脑中的想法转变为现实，至于是否实现商业价值，不一定是他们的目的。但是，创客空

---

① 尹煜：《从全球视野看众创空间》，《互联网经济》2015 年第 8 期。
② 尹煜：《从全球视野看众创空间》，《互联网经济》2015 年第 8 期。
③ 尹煜：《从全球视野看众创空间》，《互联网经济》2015 年第 8 期。

间作为技术创新活动开展和交流的场所，是技术积累的场所，也是创意实现以及交易的场所，是很好的创业集散地。

第二节　中国四次创业潮与国内创客发展

国务院总理李克强在 2015 年《政府工作报告》中提出"大众创业、万众创新",引导大家再次聚焦关键词"创业者"。随着社会演化,"创业者"的形态多次发生变化,从个体户到合伙人,从小商贩到创客……但不管以何种形态呈现,创业者一直以来都是推动中国经济发展的主要动力。如今,中国正掀起第四次创业潮。

新时代的大众创业潮,如何推动产业从劳动密集型向技术、资本密集型升级,是当前这一次创业大潮值得期待的事情。

那么,自改革开放以来所经历的四次创业潮是如何推动中国经济发展的呢?对此,《21 世纪经济报道》2015 年 6 月 8 日第 14 版《历史激荡:中国迎来第四轮创业潮》一文有详细介绍,以下以该文为参考,进一步进行梳理。

草根创业：个体户爆发（1978—1989）

1978 年，十一届三中全会以后，在改革开放的政策驱动下，出现以城市边缘人群和农民创办乡镇企业为特征的"草根创业"。

"文革"结束后，大批知青返城，就业成为社会问题。由于机关单位安置有限，许多知青只能摆地摊，以理发、修鞋、磨刀、修伞、修家具、卖小吃等维持生计，人们管这叫"练摊"。为缓解就业压力，解决温饱问题，1979 年 2 月，中共中央、国务院批转了第一个有关发展个体经济的报告，允许"各地可根据市场需要，在取得有关业务主管部门同意后，批准一些有正式户口的闲散劳动力从事修理、服务和手工业者个体劳动"。"个体户"应运而生，激活了一个封闭已久的经济体对物质的渴望，王石、柳传志、任正非、张瑞敏等中国第一代企业家在这时"倒腾"出第一桶金，并借助时代机遇，各自成就非凡的事业。[1]

---

[1]　谭楚丹：《历史激荡：中国迎来第四轮创业潮》，《21 世纪经济报道》2015 年 6 月 8 日第 14 版。

精英下海潮：扔掉"铁饭碗"（1992—1997）

　　自个体经济为人们打开新天地后，市场经济迅速席卷全国。20 世纪 80 年代末 90 年代初，全国掀起一股全民经商潮，其中最为典型的是国企员工下海。1992 年年初，邓小平南方视察，指出计划和市场都是经济手段，明确提出"三个有利于"标准，从而进一步打破思想禁锢，激发人们跳出体制，投身市场经济之海的热情。①

　　这一次创业大潮是以体制内的精英人群下海经商为特征的精英创业，包括政府部门的精英以及科研部门的科研人员。人社部数据显示，1992 年，有 12 万名公务员辞职下海，1000 多万名公务员停薪留职。面对充满未知数的商海，公职人员更多以停薪留职或请长假的方式下海，为自己留后路。这一代的创业者中，诞生了俞敏洪、郭广昌、王传福等后来的业界大佬，而他们所领导的企业，也逐渐成长为奠定中国经济竞争力的基石。②

---

① 谭楚丹：《历史激荡：中国迎来第四轮创业潮》，《21 世纪经济报道》2015 年 6 月 8 日第 14 版。

② 谭楚丹：《历史激荡：中国迎来第四轮创业潮》，《21 世纪经济报道》2015 年 6 月 8 日第 14 版。

浪潮之巅：互联网袭来（1997—2000）

伴随着互联网技术和风险投资、资本市场的发展，中国掀起以互联网新经济为特征的第三次创业浪潮。

1997 年是中国的互联网元年。根据中国互联网络信息中心（CNNIC）在 1997 年 12 月 1 日发布的《第一次中国互联网络发展状况调查统计报告》，截至 1997 年 10 月 31 日，我国上网计算机 29.9 万台，其中，直接上网计算机 4.9 万台，拨号上网计算机 25 万台；我国上网用户数 62 万，其中，大部分用户是通过拨号上网，直接上网与拨号上网的用户数之比约 1:3。[①]

1997—2000 年，从计划经济到市场经济，从互联网到移动互联，一波又一波的弄潮儿前赴后继，迸发出惊人的创造力。1997 年，丁磊成立网易公司，正式推出全中文搜索引擎服务，并于次年开通免费电子邮件服务。1998 年，张朝阳成立搜狐网，王志东成立新浪网，马化腾成立深圳市腾讯计算机系统有限公司，雅虎进军中国。1999 年，马云在经历两次创业失败后，

---

① 中国互联网络信息中心：《第一次中国互联网络发展状况调查统计报告》，http://www.cnnic.net.cn/hlwfzyj/hlwxzbg/hlwtjbg/201206/t20120612_26721.htm，访问日期：2017 年 9 月 1 日。

成立阿里巴巴。2000 年，李彦宏创立百度。

尽管经历了 2000 年互联网泡沫的破灭，互联网时代的步伐并未减缓。百度、腾讯、阿里巴巴正是在这一时期迅速崛起，成为中国新兴经济的代表。而它们所代表的互联网，将在未来以"颠覆一切"的形象，改变整个中国的经济结构。[①]

政府引导：大众创业（2013— ）

2013 年和 2014 年，国务院相继出台相关政策，不断改善小微企业创业发展环境，推动了大众创业、万众创新的浪潮。

2015 年 1 月 28 日，国务院总理李克强主持召开国务院常务会议。会议指出，顺应网络时代推动大众创业、万众创新的形势，构建面向人人的"众创空间"等创业服务平台，对于激发亿万群众创造活力，培育包括大学生在内的各类青年创新人才和创新团队，带动扩大就业，打造经济发展新的"发动机"，具有重要意义。[②]

[①] 谭楚丹：《历史激荡：中国迎来第四轮创业潮》，《21 世纪经济报道》2015 年 6 月 8 日第 14 版。

[②] 《李克强主持召开国务院常务会议（2015 年 1 月 28 日）》，中国政府网 2015 年 1 月 28 日，http://www.gov.cn/guowuyuan/2015-01/28/content_2811254.htm，访问日期：2017 年 9 月 1 日。

此次会议提出以下四项举措：

"一要在创客空间、创新工场等孵化模式的基础上，大力发展市场化、专业化、集成化、网络化的'众创空间'，实现创新与创业、线上与线下、孵化与投资相结合，为小微创新企业成长和个人创业提供低成本、便利化、全要素的开放式综合服务平台。

"二要加大政策扶持。适应'众创空间'等新型孵化机构集中办公等特点，简化登记手续，为创业企业工商注册提供便利。支持有条件的地方对'众创空间'的房租、宽带网络、公共软件等给予适当补贴，或通过盘活闲置厂房等资源提供成本较低的场所。

"三要完善创业投融资机制。发挥政府创投引导基金和财税政策作用，对种子期、初创期科技型中小企业给予支持，培育发展天使投资。完善互联网股权众筹融资机制，发展区域性股权交易市场，鼓励金融机构开发科技融资担保、知识产权质押等产品和服务。

"四要打造良好创业创新生态环境。健全创业辅导指导制度，支持举办创业训练营、创业创新大赛等活动，培育创客文化，让创业创新蔚然成风。"①

《2015 安利全球创业报告》显示，2015 年，中国的创业指数为 79，领先全球，远远高于全球和亚洲的平均指数（分别为 51 和 64）。②

据原国家工商总局统计，2015 年，中国平均每天新登记注册的企业达到 1.2 万户③，即平均每分钟诞生 8 户。北京、深圳、上海、成都、武汉等各种要素聚集的城市的"双创"成果正在呈指数级增长。

当前的大众创业、万众创新正如 1978 年的改革开放和 1992 年的邓小平南行一样，正通过制度供给和改革引领充分调动起亿万人民群众的创富热情。新一轮创业创新浪潮具有四个重要特征：一是"双创"主体多元化，"精英"创业联动创新，"草根"创业带动就业。二是"双创"体系生态化，顶天立地的科技大企业引领，铺天盖地的小微企业孵化发展，一些地方

---

① 《李克强主持召开国务院常务会议（2015 年 1 月 28 日）》，中国政府网 2015 年 1 月 28 日，http://www.gov.cn/guowuyuan/2015-01/28/content_2811254.htm，访问日期：2017 年 9 月 1 日。

② 央秀达珍、赵久龙：《2015 安利全球创业报告：中国创业积极性领先全球》，新华网 2015 年 11 月 7 日，http://news.xinhuanet.com/fortune/2015-11/07/c_1117071986.htm，访问日期：2017 年 9 月 1 日。

③ 余颖：《商事制度改革激发创业"引力波"》，《经济日报》2016 年 2 月 23 日第 5 版。

成为创业创新人才的"栖息地"。大企业离职创业人群不断扩大，形成了联想系、百度系、腾讯系、华为系等一系列"创业系"和"人才圈"。三是"双创"高度网络化，互联网线上与线下共创众创，基于互联网的创业创新蔚然成风。四是"双创"关键在"创"，核心在"众"，"众创""众包""众筹"等新的商业模式、管理机制、投资模式多方面创新相互交织。①

---

① 辜胜阻：《以制度供给引领"双创"蓬勃发展》，《学习时报》2016年6月2日第A6版。

第三节　国内众创空间概况

2017 年 3 月 5 日，第十二届全国人民代表大会第五次会议在北京人民大会堂开幕，国务院总理李克强做政府工作报告，并在部署 2017 年重点工作任务时说："持续推进大众创业、万众创新。'双创'是以创业创新带动就业的有效方式，是推动新旧动能转换和经济结构升级的重要力量，是促进机会公平和社会纵向流动的现实渠道，要不断引向深入。新建一批'双创'示范基地，鼓励大企业和科研院所、高校设立专业化众创空间，加强对创新型中小微企业支持，打造面向大众的'双创'全程服务体系，使各类主体各展其长、线上线下良性互动，使小企业铺天盖地、大企业顶天立地，市场活力和社会创造力竞相迸发。"[①]

上述内容透露一个信号，即众创空间的孵化将更具专业性。

---

① 李克强：《政府工作报告——2017 年 3 月 5 日在第十二届全国人民代表大会第五次会议上》，中国政府网 2017 年 3 月 16 日，http://www.gov.cn/premier/2017-03/16/content_5177940.htm，访问日期：2017 年 9 月 1 日。

国家鼓励大企业、科研院所、高校设立专业化众创空间，而这些专业性的众创空间的建立，将使创业者在专业性方面得到更好的帮助。

众创空间蓬勃发展

在新一轮的创新创业大潮下，众创空间正在成为新常态下中国经济发展新引擎。所谓众创空间，即是为小微创新企业成长和个人创业提供低成本、便利化、全要素的开放式创业服务平台，是新型创业服务平台的统称。众创空间吸引了一大批创业者进驻，要了解创客的生存现状和发展特征，首先要对众创空间的状况进行调研和剖析。

北京市依托国家自主创新示范区、国家高新区、科技企业孵化器、高校和科研院所等丰富的科技创新创业资源，成为我国众创空间发展最快的城市之一。2015 年 3 月 23 日，北京市科委授予创客总部、创客空间、极地国际创新中心、京西创业公社等 11 家创业服务机构首批"北京市众创空间"称号，同时授予中关村创业大街"北京市众创空间集聚区"称号。5 月 4 日，北京市科委再授予 36 氪、亚杰汇、3W 咖啡、北京大学创业训练营等 14 家创业服务机构"北京市众创空间"称号。这使当时"北京市众创空间"的数量达到 25 家。5 月 7 日，北京众创空间联盟成立，标志北京地区建起了众创空间资源共享平台和行业自律组织。首届成员大会同期召开，与会成员来自近 60 家创业服务机构，汇集众多在行业内具有代表性、影响力、先进理念的人物。

除北京以外，在上海、深圳、杭州、南京、武汉、苏州、成都等创新创业氛围较为活跃的地区，也逐渐出现一大批各具特色的众创空间。这些新型孵化器产生了创业服务新模式、新机制、新服务、新文化，集聚融合创新、创意、创造、创业"四创"要素，营造了良好的创新创业氛围，成为中国众创空间的先锋与先导。

众创空间是新型创业服务平台的统称，现有的孵化器、创客空间是目前众创空间的两种主要业态。

当前，我国科技孵化器在大众创新创业方面有很好的基础。据科技部公开的数据，2014 年，全国科技企业孵化器数量超过 1600 家，在孵的企业 8 万余家。[①] 截至 2015 年 5 月，北京市各类孵化机构超过 150 家，国家级孵化机构 50 家，入驻企业超过 9000 家；中关村创业大街共入孵 400 多个创业团队，获得融资的团队超过 150 个。[②]

作为一种新兴的孵化器，创客空间在 2015 年获得长足的发展。根据科技部发布的 2015 年度全国科普统计数据，2015 年，全国共有众创空间 4471 个，工作人员 3.89 万人，服务各类创业人员 37.02 万人；众创空间共获得政府经费支持 15.98 亿元[③]，孵化科技类项目 3.85 万个。全国共开展创新创业培训 4.51 万次，共有 278.61 万人参加了培训；举办科技类项目投资路演和宣传推介活动 1.16 万次，共有 156.96 万人参加了路演和宣传推介活动；举办科技类创新创业赛事 3383 次，共有 183.01 万人参加了赛事。[④]

① 科技部：《发展众创空间 促进大众创业、万众创新》，科技部网站 2015 年 2 月 6 日，http://www.most.gov.cn/kjbgz/201502/t20150206_118084.htm，访问日期：2017 年 9 月 2 日。

② 刘晓军、韩义雷：《北京为首批 11 家众创空间授牌》，《科技日报》2015 年 3 月 25 日第 3 版。

③ 本书中无注明币种的"元"均指人民币。

④ 孙乐琪：《全国共有众创空间 4471 个》，《北京晚报》2016 年 12 月 7 日第 5 版。

【典型案例】

案例 1：创客总部（垂直产业型）

创客总部是由北大校友、联想之星创业联盟成员企业于 2013 年 12 月发起成立的专注于移动互联网和互联网金融领域的孵化器，以产业链服务和天使投资为特点，旨在通过搭建创业者、从业者、投资人、产业链上下游机构的合作交流平台，为创业团队提供专业的产业链服务。创客总部的常规服务也是提供办公场地，但更加侧重于产业链服务，主导创业者的能力成长和业务发展。

由于创始人团队有着移动互联网、技术开发培训、电商及在线教育的创业背景，创客总部着力于产品的打磨和产业链服务。

创客总部对入驻的初创团队提供服务主要体现在以下几方面：

一是产品和模式。帮助其判断在复杂的中国国情与市场中，定位是否足够精准，商业模式是否可行，未来用什么样的方式获取用户和盈利。

二是市场和运营。如何找到最初的用户，如何通过最初的用户磨合产品，快速迭代产品，建立运营体系。

三是法律治理结构。帮助创业者分析创始人之间的股权和激励应如何配置，创始人团队如何搭配，以及未来可能会引进的人才和核心员工。

四是天使投资。创客总部 2014 年下半年成立一只天使基金，此外还找了 6 家合投基金，首期 3000 万元，主要用来投资入孵的企业。

盈利模式方面，创客总部在起始阶段主要做孵化器，但一直没有找到盈利模式，后来发现只有做投资才能盈利。事实上，市场化的孵化器，基本都存在这种问题。创客总部对自己的盈利模式定位是"产业链服务 + 天使投资"，关联产业相关的服务，重点做产品。

入孵团队方面，据创客总部统计，2014 年有 338 家申请，录取 114 家，每个月大致有 9—12 家通过评审，但 2015 年的节奏比上年快，基本上随时都在评审。

截至 2017 年年底，创客总部有 145 个项目获得投资，金额达 14.8 亿元，单个项目单次获得最高融资 2.3 亿元。[①]

---

① 靠谱君:《创客总部——科技成果变现第一站》,创客总部微信公众号 2018 年 2 月 26 日,http://mp.weixin.qq.com/s/IPZivEV0kYasXQ3-Lzmu4g,访问日期：2018 年 2 月 26 日。

案例 2 : 车库咖啡("天使＋培训"型)

近年，咖啡类众创空间如雨后春笋。位于北京中关村创业大街中心的车库咖啡为其中的先行者，自 2011 年 4 月开始营业。车库咖啡把进驻其中的早期创业者或团队分为三种[①]：

第一种是流动创业者。车库咖啡 800 平方米的总面积中有 60% 给了这部分创业者。据统计，每年平均流动 6 万人次，每天 150—200 人次。

第二种是常驻团队，桌椅和办公位固定。这类团队的人员和项目均比较稳定，流动性小，能自行维护日常的办公秩序。

第三种是被车库咖啡称作"认证机制"的团队。该认证体系是车库咖啡在经营的第二年开始启动的，每年只筛选出 100 个团队进行服务，原因在于一方面要保障团队的品质，另一方面是运营体系只能支持 100 个。车库咖啡会给这些团队提供

---

① 投中研究院：《众创空间在中国发展现状、七大模式、三大案例》，搜狐焦点产业新区 2015 年 5 月 14 日，http://chanye.focus.cn/news/2015-05-14/6222221.html，访问日期：2017 年 9 月 3 日。

内部的、精准的资源活动分享服务。

对于认证标准的制定，车库认为并不一定非要以最终是否能获得融资和明确市场方向为依准，只要项目成熟，并且运营比较正常、团队稳定就可以。

盈利一直都是困扰创业咖啡馆的难题。在经过多年探索之后，车库咖啡盈利点主要体现在以下几个方面：除正常的工位收入，还有来自餐品、会务、提供活动场地、广告与自媒体、各地的创业培训和创业交流、协办和参与创业大赛等的收入；此外，凭借自身多年来在创新创业服务平台运营模式的经验积累，车库咖啡把这些经验进行总结和梳理，为其他创业咖啡馆或创业服务平台提供咨询服务。

在对团队投资方面，车库咖啡对创业团队没有持股，也不设专项基金。车库咖啡服务过的团队中，不乏墨迹天气、魔漫相机等耳熟能详的名字。在车库咖啡的平台上，目前拿到融资的团队超过 70 个，多数为天使轮，有少数直接到 A 轮。

案例 3：创业公社（综合创业生态型）

创业公社是一家创新型孵化器，是首钢基金旗下的城市更新服务商，2013 年 5 月开始运营，总部位于北京中关村石景山园区，聚焦城市存量资产改造运营，以"基金 + 基地 + 产业链服务"的生态运营模式激活城市空间，帮助中小微科技企业实现创业梦想。

创业公社初期的核心运营思路是通过完整的创业服务体系树立品牌，以吸引更多优质创业企业入驻，在形成企业数量规模之后，与闲置物业洽谈，获得较低的价格，把它变成创业公社，最后再给创业团队办公。[①] 目前，创业公社已经形成了"组合金融 + 全产业链服务 + 产业园基地"的特色化生态运营模式，并搭建起较为完善的创业生态圈体系。

创业公社的盈利模式也是"办公场地租金 + 增值服务"。

---

① 投中研究院：《众创空间在中国发展现状、七大模式、三大案例》，搜狐焦点产业新区 2015 年 5 月 14 日，http://chanye.focus.cn/news/2015-05-14/6222221.html，访问日期：2017 年 9 月 3 日。

在成立的次年，即 2014 年，创业公社就实现了微盈利。从 2014 年的情况来看，场地和服务收入的占比大约为 7∶3，但创业公社认为，从趋势来看，增值服务的部分发展很快，在未来几年，服务收入超过办公租金收入将是必然。[①]

在双创服务方面，创业公社聚焦互联网、虚拟现实、智能智造、大数据等前沿科技领域。以"场地 + 社群 + 金融 + 数据 + 服务"五大自主服务内容为核心，依托丰富的金融机构资源、龙头企业、行业优秀企业资源及第三方合作商和创业公社区域拓展资源圈，为企业提供全方位、多层次、全产业链的服务。

在运营规模方面，创业公社的场地业务已拓展至全国多个城市。在北京、哈尔滨、天津、烟台、厦门等城市拥有十多个自营场地，标准化服务输出至淮北、齐齐哈尔、定兴、长春、长治、嘉兴、成都、南充等地。

截至 2017 年 10 月，创业公社的场地运营面积达 16 万平方米，入驻企业达 3500 家，服务企业超过 13000 家，储备企业 50 万家，为企业对接产业龙头资源近百家，培育出 97 家雏

---

① 投中研究院：《众创空间在中国发展现状、七大模式、三大案例》，搜狐焦点产业新区 2015 年 5 月 14 日，http://chanye.focus.cn/news/2015-05-14/6222221.html，访问日期：2017 年 9 月 3 日。

鹰企业、8 家新三板挂牌企业、14 家中关村金种子企业、132 家北京四板挂牌企业，5 家企业被上市公司并购投资，出孵企业估值超过 200 亿元。

虽然，自 2015 年以来，全国各地众创空间发展如火如荼，却难以掩饰其自身发展中的问题。2016 年上半年，开始出现一些创客空间关门停业的现象。鉴于此，业界对垂直型的创客空间更为看好。2016 年年初，知名的众创空间地库、孔雀机构先后倒闭——孔雀机构正是爱彼迎（Airbnb）进入中国市场时入驻的孵化器。2016 年 10 月底，北京一家众创空间宣布倒闭，而在宣布倒闭之前，其入驻率还在 60% 左右。2017 年 1 月 10 日，北京创业孵育协会、北京众创空间联盟在 2017 年年会上发布《2016 北京市众创空间蓝皮书》，该报告指出，北京市超过 55% 的众创空间仍然处于亏损状态。尤其值得关注的是，不少众创空间仍在依靠政府补贴度日。[1]

---

[1]　叶健：《冰与火交织——众创空间发展亟须探寻新路径》，《经济参考报》2017 年 2 月 16 日第 A07 版。

第二章　众创空间的六大模式

被誉为"全球创客乐园"的深圳，集结了众多孵化器，3D 打印、电子设备等配套齐全，具有完整的硬件创业产业链基础和氛围，例如辐射全国的华强北电子市场、各种研发方案公司、工业设计公司、创客加速器、生产制造商等，创客们只要有好的想法，很容易获得实现，因此，世界各地的创客慕名而来。深圳市的创客空间也快速发展，形成各区借助原有产业优势错位发展的局面。罗湖区、福田区、南山区、龙岗区等继续发挥高科技企业集聚的优势，培育创客产业生态链，盐田区、宝安区、龙华区、光明区借助工业园升级的载体创新优势，打造创新创业的空间载体。

目前，深圳创新型孵化器形成了平台型企业孵化器、创业社区等孵化形态，共同构成市场化、专业化、集成化、网络化的众创空间。深圳涌现的形态各异的创新型孵化器，大致可为以下六种模式：综合创业生态型、"天使 + 孵化"型、开放空间型、新型地产型、依托场地跨界合作型、垂直产业型。

第一节　模式一：综合创业生态型

综合创业生态型孵化器是指基于企业或研究机构现有先进技术、销售渠道等资源建立的平台，衬以企业庞大的产业资源，为创业者提供高效便捷的创新创业服务。该模式孵化器的主导者通常为大型科技企业或科研院校，拥有雄厚的资金实力，前期不追求初创企业为孵化器带来盈利，而着眼于鼓励创业者在其现有先进技术平台上实现突破、实现创新。目标是未来能为孵化器主导者带来新模式，为上游企业带来新技术。而主导企业在孵化器中亦可寻觅有助于打造未来新型业务模式的潜力股，优先获得创新资源，为主导企业实现突破。在深圳，以深圳清华大学研究院、中科创客学院、华强北国际创客中心、赛格创客中心、腾讯众创空间等为代表的综合创业生态型孵化器，吸引了大批创业者。

深圳清华大学研究院是清华大学和深圳市合作创建的高层次人才培养基地和科技创新基地。如今，深圳清华大学研究院在深圳这片创新创业的土壤上已成长为科技研发的参天大树，实现研发平台、投资孵化、科技金融、园区基地、人才培养和国际合作的六大板块互动发展模式。[①] 截至 2017 年，深圳清华大学研究院累计孵化高新技术企业近 1600 家，投资和创办高新技术企业 180 多家，培育上市公司 20 家，为新兴产业的快速发展发挥重要的孵化推动作用。[②] 2017 年，深圳清华大学研究院成为深圳市首批十大"双创"示范基地之一，多个项目亮相 2017 年全国"双创周"，多项创业项目获优异成绩。

中科创客学院是中国科学院深圳先进技术研究院在深圳市政府、南山区政府、深圳创新投资集团有限公司等的支持下，于 2014 年 11 月成立的。该院实行"大资源、双导师、三通道"，即先进院开放实验室、开放科学家脑库、开放科研成果，整合

① 雷雨：《产学研深度融合出"奇兵"——深圳清华大学研究院摘省科学技术奖特等奖》，《南方日报》2015 年 2 月 28 日第 A03 版。
② 闻坤：《深圳清华大学研究院：探索科技创新孵化体系的"领跑者"》，《深圳特区报》2017 年 7 月 24 日第 A01 版。

科研大资源，为创客提供专业权威的支持；科学家、企业家双导师，让创客与科研、产业同步接轨，创新创业效率倍增；创业、就业、科研三通道，让创客可以自主选择未来的发展方向。这种"大手牵小手"的模式，让创新有效驱动创业得以实现。截至 2016 年年底，中科创客学院已培育高技术创业项目 171 个，18% 的项目获得投资或上市销售，服务创客 17300 多人次，培育 800 多名创业者，为社会提供 1500 个以上的就业岗位。此外，该学院还与京东、TCL、深圳南山区团委、东南大学等共建 7 个创客营，获得红杉国际资本支持，设立"奖投金"，用于资助优秀的智能硬件项目快速起步。

华强北国际创客中心成立于 2015 年，是华强集团倾力打造的一站式服务创业者的综合创新创业生态平台，拥有强大的供应链和生产资源、完善的办公环境、快捷的行政服务、优秀的营销公关服务团队、强大的渠道资源，可以第一时间解决创业者遇到的各种问题。该创客中心和著名设计公司、京东众筹等众筹平台保持深度合作，并且与腾讯达成战略合作，打造"腾讯华强双百亿创客"计划，共同组建软硬件结合资源包服务创业者；和美国大型渠道商达成密切合作，能提供多个海外众筹及销售渠道。华强北国际创客中心与腾讯创业基地、福田投资、前海国际资本管理学院等共同组成深圳创客联盟，形成创业生态圈的智囊团，紧密联系整合创客圈各方面资源。

第二节 模式二："天使 + 孵化"型

"天使 + 孵化"型孵化器主要效仿美国等发达国家孵化器的成功模式，通常由民间资本或教育类机构，例如各大创投机构或高校主导，以大型企业高管或创业投资人等具有丰富行业或创业经验的人士作为导师，传授创业者运营管理、产品设计、发展策略等经验，意在预估创业障碍，降低创业风险，提升投资成功率，帮创业者和投资人实现双赢。该类孵化器倾向于创新科技型企业，入孵后会对看好的企业进行天使投资，并在毕业后的后续融资中退出，实现股权溢价。在深圳，较典型的包括创大资本、零到壹、前海梦工厂等。

创大资本成立于 2015 年，总部设在深圳前海，并在上海、广州、北京等城市，及新西兰、澳大利亚等国家设立了分公司。

其创始人兼董事长许洪波是中国投资界成功率和回报率最高的天使投资人之一。创大资本以"全球创新，中国加速"为目标，用全世界的创新支撑中国的消费升级和产业升级，让全球创新成为中国未来经济增长的新引擎，提供天使投资、创业孵化、创业培训、市场宣传、资源对接等全产业链的综合服务。创大资本专注于早期投资，关注前瞻科技，包括 AI①、VR/AR②、区块链、大数据。创大资本主要投资的项目包括超级课程表、礼物说、精明购、F5 未来商店、爱婴慧、高木教育、阿比斯（Abyss）智能机器人等。

零到壹成立于 2015 年，是国内少数集场地提供、业务对接、人才招募、天使投资、导师辅导为一体的互联网导师制孵化器，专注于"互联网 +"创业扶持和传统实体企业互联网升级改造，已与多家知名风投机构开展合作，并与北京创客总部、广州 CCIC 联合文创、西科天使、南极圈和联想之星（星云）等国内知名孵化器形成合作关系，已经投资医疗、商务社交、O2O 服务、电商等项目。

---

① 人工智能。

② 虚拟现实 / 增强现实。

　　前海梦工厂成立于 2015 年，为草根创业者、高校学生、产业园区提供科技信息、文化创意、现代服务类项目孵化。前海梦工厂给创客提供场地租赁、天使投资、创业培训和政策咨询等服务，入驻的创客可以享受京东众筹的绿色通道。在盈利方面，主要通过孵化投资一些项目，从项目分红中获得收入。前海梦工厂具有投资功能，一般是天使轮投资，也和固定的基金公司长期合作，目前已投资的项目有欧尚净水器、HTML5游戏、智能管家等。

第三节　模式三：开放空间型

　　开放空间型孵化器是在孵化器 1.0 的基础上进行全面包装和完善，更注重服务质量和品牌效应，致力于打造创业生态圈，为创业者提供基础的办公空间，以工位收取低廉的租金，同时提供共享办公设备。该类孵化器会定期举办沙龙或讲座，邀请创业导师为创业者答疑解惑。在资金支持方面，该类孵化器与各个创投机构保持密切联系，有的甚至邀请创投机构长期驻场，以便节省创业者的时间，提高融资效率。当下，为了打造独具特色的孵化器品牌，该类孵化器正积极营造创业生态圈，为创业者营造积极交流的氛围。在深圳，柴火创客空间、开放创新实验室是该类型孵化器的代表，已经成功孵化了大批创业项目。

柴火创客空间成立于 2010 年，是全国首批成立的创客空间，通过创客会员、创客活动分享会、制汇节、网络等渠道组织广大创客。柴火创客空间更注重"入门创客"这个群体，为一些兴趣浓厚和想成为创客的人提供参与的途径。自成立之日起，柴火创客空间每年都举办制汇节，这既是展示创新创意的舞台，也是连接创客与创客、创客与大众、国内与国外创客文化的桥梁。在 2015 年 6 月 18 日举办的"2015 深圳创客周"，制汇节作为 13 个主要活动之一，汇聚了 50 个国际创客专家、3 场大型创客演出、30 多场工作坊活动、10 个大型创客装置等内容，参观人数超过 19 万人次。

开放创新实验室成立于 2015 年 6 月 11 日，是深圳首个国际微观装配实验室。该实验室是由美国未来研究所、上海创客大爆炸（由英特尔投资）和深圳市工业设计行业协会联合筹建的国际众创平台，也是深圳首个经美国麻省理工学院授权认证的国际微观装配实验室，包括电子设备区、软件和设计工作区的功能分区，3D 打印机、3D 扫描仪、大型数控机床、激光切割机等工具一应俱全。

第四节　模式四：新型地产型

新型地产类孵化器诞生的时间不长，模式较单一，靠提供共享办公设备、网络以及出租办公空间为盈利模式。主导机构一般为大型房地产商。然而，在创业产业链条当中，房地产服务处于最底层、最基础的位置。从房地产商的角度出发，当下产业地产过剩严重已然是业内人士的一大压力，因此房地产开发企业为市场房源的供过于求而拖累，不得不转型探索新模式，而在国家大力鼓励创新创业的政策下，具有房地产背景的孵化器的专业性仍处于摸索阶段。

深圳万科云城作为留仙洞战略性新兴产业总部基地的首个项目，定位为互联网新城，瞄准"互联网、产业、技术"三大风口，重点解决入园企业在政府、技术、金融和人才服务等方面的需求，打造"八位一体"的市场化运营服务平台。

星河·领创天下众创空间已经成为产业地产和"双创"发展相结合的典型模式，目前已经积累了较高的业界知名度，孵化了一批优质项目，形成了较突出的"双创"服务能力，验证了以股权投资为核心的发展路径的可持续发展能力。星河集团拥有专业的投资团队、丰富而多层次的金融资源、良好的企业商誉，非常具有吸引力，能帮助创客缩短创业周期，加速从创意走向商品、市场的进程，真正实现双赢。

由此可见，房地产商由过去扮演整合土地、建设、园林、装修等产业链的角色，转化为现在的整合创业者、投资人、金融机构，乃至物流等资源的资源整合者，构筑平台化的生态圈。

第五节　模式五：依托场地跨界合作型

这类孵化器主要依托茶馆与咖啡厅这样的场地，针对一些特定的创业人群进行创业辅导培训和孵化。例如：为创业者提供基础的办公空间，以工位收取低廉的租金，并提供共享办公设备及空间，同时保留一部分经营空间来获取利润；定期邀请创业导师来举办沙龙或讲座，为创业者答疑解惑；不提供创业投资基金，但与各个创投机构保持着非常密切的联系，可以为入孵企业提供融资资源。

茗创茶社是该类孵化器的代表之一，基于社群的会员来做创业辅导，具有以下特点：采取有限合伙制，引入众筹概念创办孵化空间；从培训入手，定位为"创业者的新手村"；依托社群组织，为孵化器积聚人气和项目，链接了大量创业类、成长类及文化类的社群；通过场地、茶水、产品的盈收弥补孵化器运营的缺口。

茗创茶社负责人王梦熊说："为什么选择从培训切入？是因为国内大多数的创业者缺乏最基本的教育，而国外有系列的创业教程，非常完备。国内创业者只有用一次又一次的失败来学习创业，这很不划算，所以我就萌生了做一个平台，专门对创业者新手进行培训的想法。我们请来获得风险投资的项目负责人，讲解如何做商业计划书吸引投资人。创业者非常需要这样的培训。我们的项目来源是社群里有创业需求的会员，数量众多的社群会员可以与入孵创业者互动，快速形成种子用户群反馈产品和推广宣传。"

2015 年 10 月中旬，茗创茶社举办了"微中医的 VC 之路分享"，主讲人傅昱豪刚刚获得 300 万元的投资，所以分享他的融资心得。这样接地气的培训颇受创业者的欢迎。

第六节　模式六：垂直产业型

垂直产业型孵化器是指针对某一产业进行定向孵化，提供现有先进产业技术，同时提供孵化基金，帮助特定领域创业者将技术落地，进行产业化发展。这类孵化器一般由政府或产业协会、大型企业主导，招揽特定行业创业者，同样依托庞大的人脉以及行业资源提供除资金和技术以外的增值服务。这类孵化器能够扎实地把具有地方特色或带有政府倾向性的产业发展起来，营造出品牌氛围。

深圳正大力发展的"产业基金＋专业技术平台型"孵化器，包括微游汇孵化器、D+M 浪尖智造工场、思享空间、软硬蜂巢等。

　　微游汇孵化器是新动集团联合深圳市龙岗区产业投资服务集团共同打造的移动互联网孵化基地，为移动互联网方向的创新创业团队提供孵化服务。除了为创业者提供办公场地以及投资、融资服务之外，还为创业项目提供创业孵化打磨、商业模式优化、关键资源对接、创业专题培训、品牌包装推广、人力资源服务等系统化的创业生态链服务。自 2014 年成立以来，微游汇孵化器前后服务数千家创业团队，每年通过全国 40 多家主流媒体及集团线下渠道为创业项目引流曝光，通过创新创业比赛等活动持续为优秀创业项目服务。

　　软硬蜂巢创客空间成立于 2015 年 8 月，是一家专门针对车联网、智能硬件、机器人领域创客而设立的重度垂直型孵化器，为在孵企业提供研发体系支持、柔性供应链支撑、团队优化、市场推广、融资配套、管理合伙人推荐等服务，已与英特尔、德州仪器、微软、腾讯、麻省理工学院、斯坦福大学等开展合作，不断促进国内外智能硬件的创新交流。

　　D+M 浪尖智造工场、思享空间在第四章有详细介绍，此处不赘述。

第三章　创新驱动发展：深圳创新发展探究

2016 年，在众创空间遭遇突如其来的倒闭潮时，人们却发现深圳的创新创业仍如火如荼地开展。从根本上说，深圳的"双创"事业能够蓬勃发展得益于两大法宝：其一是构成深圳经济主体和生力军的民营企业力量，具有非常强大的创新活力；其二是新兴战略性产业长足发展，保证了经济增长的高质量。

有关专家认为，深圳"双创"经验可复制、可推广，具体而言是完善制度供给的基础，培育具有创新活力的民营企业群体，继续在创新方向上大力发展以高科技产业为代表的高人力资本密集度产业，激发高层次人力资本的创新创业能动性。

第一节　享誉世界的创新"硅洲"

2017 年 4 月，英国《经济学人》(*The Economist*) 杂志发表特别报道《深圳已成为创新温室》，就深圳为何成为世界创新和发明的"皇冠上的明珠"、如何改写世界创新规则、怎样培育创新型企业集群进行系统而生动的分析，并给深圳起了一个比硅谷更为传神的美名——"硅洲"(Silicon Delta)。作为全球创新中心的后起之秀，深圳正在领跑世界创新潮流，并引起世界的广泛关注。

中小企业密度居全国之首

在深圳这片点石成金的土地上，汇聚了 120 多家上市公司，市值合计近 3 万亿元，近 8000 家注册企业，其中年产值过亿元企业 429 家、超百亿元产值企业超过 10 家。[1] 深圳企业密度和产值数量已不亚于美国硅谷，尤其是深圳湾超级总部基地

---

[1] 陈昌华、李战军：《深圳何以成为世界"硅洲"》，《人民日报》（海外版）2017 年 6 月 1 日第 11 版。

发展迅速，恒大、招商银行、万科、华润、百度、阿里巴巴、腾讯等知名企业纷纷入驻。这无疑为粤港澳大湾区的崛起提供了有力支撑。

在深圳，高成长性的高科技企业不断涌现，进入全球市场，成为全球有影响力的创新型企业。比如，2013 年，华为成为我国首个跻身全球研发支出五十强的企业；华大基因、腾讯入选美国《麻省理工科技评论》（*MIT Technology Review*）杂志"2013 年全球最具创新力技术企业五十强"。而在 2014 年 1 月 20 日，《华尔街日报》就有专栏文章指出，"长期以来，中国一直是全球热门消费电子公司的代工厂，而中国科技公司的产品很少被认为能取得行业领先。然而，这一状况正在发生改变"。该文章引用了深圳的华为和腾讯的案例，认为"在过去十年中，华为在电信设备市场超过了多家欧美竞争对手，例如诺基亚和阿尔卡特朗讯"，"在语音消息发送等功能方面，微信比竞争对手做得更好，并开始挑战硅谷的移动消息应用 WhatsApp[①]"。截至 2016 年年底，深圳市商事登记制度改革实施 46 个月，新

[①] 中文译名为"瓦次普"，是一款非常受欢迎的跨平台应用程序，用于智能手机之间的通信。

登记商事主体已超过 176.3 万户，较改革前增长 276%。数据显示，深圳商事主体总量继续稳居全国大中城市首位，创业密度最高。[①]

企业创新活力强大，成"双创"主体

专利申请量是体现城市经济发展水平和创新发展程度的重要指标。根据世界知识产权组织（WIPO）2017 年 3 月 15 日在日内瓦发布的报告，2016 年中国的国际专利申请量增长了44.7%，中兴通讯股份有限公司和华为技术有限公司分列国际专利申请人第一位和第二位。这彰显了深圳高科技企业具有强大的创新活力，已经进入世界级创新企业阵营。

2016 年，深圳市国内专利申请量突破 14 万件。从专利申请主体来看，深圳企业作为专利权人的专利（职务发明）占申请总量的 95.20%。[②]而根据对世界知识产权组织的 PCT[③] 专利

[①] 彭魏勋、赵鹏飞：《深圳创业之路越走越宽广》，《人民日报》（海外版）2017 年 6 月 15 日第 11 版。

[②] 深圳市市场和质量监督管理委员会：《深圳市 2016 年知识产权发展状况白皮书》，深圳政府在线，2017 年 5 月 16 日，www.sz.gov.cn/gsj/ghjh/zxgh_1/201705/t20170516_6697842_15891.htm，引用日期：2017 年 9 月 8 日。

[③] 即《专利合作条约》（Patent Cooperation Treaty）。

数据库的分析和统计，截至 2016 年年底，深圳 PCT 专利累计 69347 件，在全球创新相对活跃的城市中居第二位，仅次于东京，领先于硅谷。统计表明，2016 年，深圳 PCT 专利申请量排名前三位依次为华为技术有限公司、中兴通讯股份有限公司、深圳市华星光电技术有限公司。[①]

引人瞩目的是，2011 年至 2016 年，深圳 PCT 专利的平均增长率为 17.79%，远高于东京的 7.15%、硅谷的 4.98%、首尔的 3.86%。这些都说明深圳企业的创新能力及全球专利布局能力十分突出。[②]

知识产权密集型的战略性新兴产业和未来产业是深圳经济增长的新亮点。例如在新材料领域，拥有超高强度、超高导电性的石墨烯是深圳发展的重点之一。截至 2016 年年底，深圳市石墨烯专利总量为 1283 件，居全国副省级城市第一名。从全国看，以高校及各类科研机构为专利申请人的比例比较高，但深圳却是以企业为专利申请人的比例比较高。在未来产业

---

① 喻剑：《知识产权保护为自主创新护航——深圳 95% 发明专利申请量来自企业》，《经济日报》2017 年 6 月 1 日第 11 版。

② 陈昌华、李战军：《深圳何以成为世界"硅洲"》，《人民日报》（海外版）2017 年 6 月 1 日第 11 版。

领域，截至 2016 年年底，深圳的无人机专利总量达 1419 件，在全国副省级城市中居第一位；可穿戴设备的专利量则在全国各大城市中居第一名。[①]

深圳有一批创新型企业，例如华为、比亚迪、朗科、腾讯、大族激光、燕加隆等，建立了各具特色的知识产权管理制度，使技术转化成专利，使专利转化成标准。可以说，深圳企业在运用知识产权提高核心竞争力方面优势明显，在国际化创新大潮中崭露头角。

在国际上，深圳企业专利申请量增长迅速。据欧洲专利局公布的 2016 年专利统计报告，华为、中兴和小米三家公司 2016 年在欧洲合计申请了 3584 件专利，其中华为最多，有 2390 件，中兴次之，有 680 件。这三家公司约占中国企业在欧洲专利申请总量的一半（50.1%）。在欧洲专利申请人前五十名中，华为位居第二，仅次于飞利浦，较 2015 年（1953 件）上升两位，依然保持年均 22% 的增长，成为在欧洲专利申请的领航者之一。

---

① 喻剑：《知识产权保护为自主创新护航——深圳 95% 发明专利申请量来自企业》，《经济日报》2017 年 6 月 1 日第 11 版。

　　在国内，深圳企业在各类专利评选中捷报频传。例如，2016 年 12 月，中国版权金奖①在广州举行颁奖典礼，深圳市腾讯计算机系统有限公司获推广运用奖。2017 年 12 月 13 日，第十九届中国专利奖颁奖大会在北京举行，深圳微芯生物科技有限责任公司、华为终端有限公司的项目都获得专利金奖，腾讯科技（深圳）有限公司的项目获得外观设计金奖。

　　企业是创新的主体。以创新增强供给能力，以质量提升供给水平，以转型升级优化供给结构，深圳充分发挥企业在科技创新活动中的主力军作用，逐步形成了大企业"顶天立地"、小企业"铺天盖地"的发展格局。事实上，这也是深圳闻名全国的"六个 90%"的写照：90% 的创新型企业是本土企业、90% 的研发人员在企业、90% 的科研投入来源于企业、90% 的专利产生于企业、90% 的研发机构建在企业、90% 以上的重大科技项目发明专利来源于龙头企业。

---

① "中国版权金奖"由国家版权局和世界知识产权组织联合于 2008 年创设，每两年评选一次，是我国版权领域评选的唯一国际性奖项，也是国内版权领域的最高奖项。

新兴产业成经济增长主引擎

战略性新兴经济是当代各国谋求未来优势、占领高端市场的主要着力点。深圳谋划早，发力快，用科技创新推动产业创新和经济结构调整。

2008 年金融危机后，深圳进行新一轮的产业结构调整：2009 年确定生物、互联网、新能源为三大战略性新兴产业；2011 年又增加新材料、文化创意和新一代信息技术等三大产业；2012 年设立了规模达 180 亿元的战略性新兴产业发展专项资金；2014 年制定《深圳节能环保产业振兴发展政策》。

得益于多年来进行的一系列战略性产业结构的布局与调整，深圳七大战略性新兴产业快速发展。根据《深圳市 2017 年国民经济和社会发展统计公报》，2017 年深圳新兴产业增加值合计 9183.55 亿元，比上年增长 13.6%，占深圳生产总值比重 40.9%。七大战略性新兴产业中，新一代信息技术产业增加值 4592.85 亿元，比上年增长 12.5%；互联网产业增加值 1022.75 亿元，增长 23.4%；新材料产业增加值 454.15 亿元，增长 15.1%；生物产业增加值 295.94 亿元，增长 24.6%；新能源产业增加值 676.40 亿元，增长 15.4%；节能环保产业增加值 671.10 亿元，增长 12.7%；文化创意产业增加值 2243.95 亿元，增长 14.5%。[①]

深圳战略性新兴产业的快速发展，既说明产业结构在迈向知识型和技术型中高端，也反映创业创新活动的活跃。除了巩固提升产业创新能级，持续优化产业创新生态体系、构筑人才发展的高地，依然是深圳发展战略性新兴产业的着力点。

第二节　优化制度环境助力"双创"

深圳能成为闻名全球的大众创业、万众创新的"创客之城"，与拥有得天独厚的创新创业环境关系密切。深圳市以地方政府的远见卓识，率先深化行政体制改革，提高政府服务效率，增加有效制度供给，以宽松的制度和文化环境降低"双创"的制

[①] 深圳市统计局、国家统计局深圳调查队：《深圳市 2017 年国民经济和社会发展统计公报》，2018 年 4 月 17 日。http://www.sztj.gov.cn/xxgk/zfxxgkml/tjsj/tjgb/201804/t20180416_11765330.htm，引用日期：2018 年 4 月 20 日。（该公报注："6. 新兴产业合计数已剔除重复计算，分项产业未剔除。7. 个别数据因四舍五入的原因，存在着与分项合计不等的情况。"）

度成本，从而提高制度的绩效；以法治的力量完善"双创"分配制度，保障"双创"主体权益，尤其是重视知识产权保护，注重对创新者权益的保护和激励，营造公平、宽容、有序的竞争环境；以市场的力量集聚高端"双创"要素，保证双创资源配置效率，在实现要素价值的同时，实现"双创"效果的"帕累托最优"。[1]

丰富创新载体 为"双创"做支撑

创新载体是包括基础研发、产品创新、产业孵化、创新服务、产业发展等城市创新体系中基础支撑条件的总称。深圳在创新载体建设上不遗余力，为"双创"做最有力的支撑。

2016年，深圳市新增国家省市级重点实验室、工程实验室、工程研究中心、企业技术中心等创新载体210家，累计达1493家。[2]2017年，深圳新增各级创新载体189个。新增创新载体中，重点实验室、工程实验室、工程中心、企业技术中

---

[1] 陶一桃：《深圳创新体系形成及其启迪意义》，《深圳特区报》2017年6月6日第C01版。

[2] 许勤：《2017年深圳市政府工作报告》，深圳政府在线，2017年2月27日。http://www.sz.gov.cn/zfbgt/zfgzbg/201703/t20170303_6026804.htm，引用日期：2017年9月20日。

心共 141 个。其中，国家级工程实验室 3 个，国家认定企业技术中心 2 个，国家级孵化器 3 个；省级工程（技术）研究中心 88 个。[①]

深圳市科技创新委员会 2017 年 4 月发布的《深圳市科技创新"十三五"规划》中提到，到 2020 年，深圳市的"国家、省、市级重点实验室、工程实验室、工程（技术）研究中心和企业技术中心等各类载体达到 2200 家，重点在国家、省级载体数量上实现突破"。

创新载体政策支撑体系的不断完善，进一步规范和促进深圳市创新载体的建设和管理，确保了创新载体有质量的稳定增长、可持续的全面发展。深圳已初步建起一个以基础研究为引领、以产业及市场化为导向、以企业为主体、以开放合作和民办官助为特色的创新载体体系。以重点实验室为核心的"基础研究体系"，以工程实验室、工程中心、技术中心组成的"技术开发创新体系"，以科技创新服务平台、行业公共技术服务平台组成的"创新服务支撑体系"，共同构成了深圳科技创新

---

① 深圳市统计局、国家统计局深圳调查队：《深圳市 2017 年国民经济和社会发展统计公报》，2018 年 4 月 17 日。http://www.sztj.gov.cn/xxgk/zfxxgkm//tjsj/tjgb/201804/t20180416_11765330.htm，引用日期：2018 年 4 月 20 日。

载体体系的三大支点。

深圳的创新载体体系呈现出多层次、网络化特点：多层次，即创新载体体系已初步实现"国家级—省级—市级"多层次全面立体覆盖，在各层次创新载体中，市级创新载体是全市创新载体体量最大的主体和支柱；网络化，即创新载体体系已构成"重点实验室—工程中心—技术中心—工程实验室—公共技术服务平台"等交错互联、协同共享的网络化布局，其中重点实验室、工程中心和工程实验室数量规模相当。

注重知识产权　为创新营造好环境

深圳通过知识产权制度支撑创新驱动战略的实施和创新型企业的发展，形成了有利于创新创业的制度环境。为加大知识产权保护力度，深圳拟建"最严知识产权保护"。根据深圳市法制办 2017 年 9 月 29 日公布的《深圳经济特区知识产权保护条例（征求意见稿）》，深圳拟设立市长知识产权保护奖，并将在建立知识产权创造与运用保护制度、打击海外侵权违法行为、建立惩罚性赔偿，以及诉调对接机制等方面予以创新性规定。

近年来，为帮助企业有效运用知识产权战略开拓海外市场，深圳连续出台《企业知识产权海外维权指引》《深圳中小企业发展初期知识产权指引》《深圳中小企业成长期知识产权指引》等一系列指导性文件，推进知识产权改革，让申请人和企业能以较低成本了解、申请、保护和运用知识产权，形成了企业竞相追逐技术专利化、专利标准化的生动局面。

为了保护创新成果，维护公平市场秩序，深圳加大知识产权执法力度。2016年，深圳市场和质量监督管理委员会开展了打击网络侵权盗版"剑网2016"专项行动，打击商标侵权的网络市场监管专项行动和"护航""闪电"专利执法维权行动。

2016年，深圳设立1000万元的深圳市知识产权质押融资风险补偿基金，推动知识产权与金融的深度融合。2016年4月，国内首家知识产权互联网综合服务云平台"创荟网"在深圳成立，推出知识产权质押贷款的创新金融产品"微知贷"，成立深圳首只市场化运作的知识产权维权投资基金。截至2016年年底，全市专利权质押登记金额近29亿元，占广东省质押总额的八成左右。平安保险总公司在深圳开发专利被侵权损失保险、专利申请费用保险、专利代理责任保险三个新险种，专利保险试点工作打开新局面。

强化人才政策　培育海归经济

优秀人才是创新创业的基石。近年来，深圳明显加快了引进海外优秀人才的步伐，成效显著。在良好的产业环境及政策环境支持下，一些海归人才纷纷创业，"海归经济"成为深圳自主创新与产业提升的重要力量。

2017 年 4 月，在深圳举办的第十五届中国国际人才交流大会上，广东省委常委、深圳市委书记王伟中说，深圳将着力构建以"高精尖缺"为导向的人才工作机制，打造具有全球竞争力的人才服务体系，让各类人才引得进、留得住、发展好，加快建设现代化国际化创新型城市和国际科技、产业创新中心。此次国际人才交流大会上，有 300 名海外博士携带项目回国考察、寻觅商机。南科大负责招聘的工作人员表示，学校招聘数学、物理、生物医学工程等多个专业领域的海外博士，给出了理学类 300 万元至 400 万元、工医类 400 万元至 600 万元科研启动经费等极具吸引力的条件。在南科大执教的海归博士，年薪从几十万元到 100 万元不等，最高可达 200 万元。[①]

此外，外籍人才永久居住制度的完善为深圳引进"双创"国际人才提供了政策支持。2016 年 7 月，公安部正式批复同意广东省自 2016 年 8 月 1 日起，实施支持广东自贸区建设和创新驱动发展的 16 项出入境政策措施，为外籍高层次人才和创新创业人才提供出入境和停居留便利。

促进创新要素高效流动

除了人才的流动，深圳还在促进金融资本、土地资源流动上做足文章，促进创新要素高效流动，助力创新创业。一方面，深圳大力推进科技与金融紧密结合，2012 年 4 月成立了深圳市促进科技和金融结合试点工作领导小组及其办公室，同年 6 月挂牌成立了深圳市科技金融服务中心，出台了《关于促进科技和金融结合的若干措施》等一系列文件和配套政策，推进银政企合作、天使投资引导基金、股权投资和科技金融服务体系建设等工作。另一方面，深圳也在积极推动资本流动。2016

---

① 彭魏勋、赵鹏飞：《深圳创业之路越走越宽广》，《人民日报》（海外版）2017 年 6 月 15 日第 11 版。

年 9 月 30 日，深交所正式发布《深港通业务实施办法》及相关业务规则。深港通的实施，不仅将为深圳拓宽"钱"途，更重要的是，通过学习香港的金融基建和制度体系，提升深圳金融的国际化水平和服务质量，更好地支持深圳走国际化创新发展的道路。

此外，深圳还积极推动土地和用房跨行业流动。2013 年 1 月，深圳市发布优化空间配置促进产业转型升级"1+6"文件，提供更加开放、务实的空间资源供给和服务平台，实施差别化、房地并举、节约集约、存量挖潜等创新管理模式，加快空间资源向战略性新兴产业、未来产业、总部经济、先进制造业和优势传统产业等倾斜。2016 年 1 月颁布实施的《深圳市创新型产业用房管理办法》，则通过四大渠道增加创新型产业用房。

为了给创客发展提供更好的发展土壤，深圳市科技创新委员会还出台了《促进创客发展三年行动计划（2015—2017 年）》和《促进创客发展的若干政策措施》，以"政府引导、企业主导、万众参与"的灵活运作机制，集合政府、产业和创客的力量，优化创客活动的政策环境，促进各区产业升级。

第四章　经典众创空间

　　在创新创业的链条中，创客介于创意和创业之间。这意味着创客成为创新的一个重要通道。在深圳，创客还被赋予一个更深刻的使命：与深圳多年培育的制造业生态系统相结合，与完备的供应链资源和制造能力优势互补，帮助深圳成为创新产品层出不穷的创新之都。

　　虽说创客并不一定都是创业者，但是聚集在深圳的创客群体与创业还是有千丝万缕的联系。作为热衷于创意、设计、制造的个人设计制造群体，创客恰好是传统制造业与设计业的一个结合点，既需要传统制造业的基础，也需要创新设计的动力。比如，深圳市大疆创新科技有限公司创始人汪滔经常被视为由创客到创业者再到成功企业家的典范。如果说此前创客到深圳属于自发行为，那么通过搭建空间，让自发转为自觉，则能将各种创新的力量汇聚起来，帮助深圳成为真正的"创客之城"。

本章将介绍深圳的 13 家众创空间，它们各有千秋，但都以"为创业者服务"为核心，可谓"八仙过海，各显神通"。在这些平台上开出创新创业的鲜艳花朵，它们生命力之旺盛、形态之丰富，让人赞叹不已，期待未来能结出丰硕的创新果实。

第一节　柴火创客空间：点燃全国"双创"之火^①

从创意到产品化，从创客到创客生态，如今柴火创客空间已经成为创客文化圣地，是深圳乃至全球智能硬件创业者的必经之地。柴火创客空间创立于2011年，是深圳第一家创客空间，也是中国第二家创客空间，其标志性地位不言而喻。

诞生于深圳的柴火创客空间，恰如其名，以创客文化、创新精神的星星之火，点燃了深圳乃至全国的"双创"之火。

总理为"柴火"又加了一把"柴"

2015年1月4日，中共中央政治局常委、国务院总理李克强在考察深圳期间调研了柴火创客空间，不仅欣然应邀成为新年的第一位荣誉会员，还给出了如此评价："你们的奇思妙想和丰富成果，充分展示了大众创业、万众创新的活力。这种

---

① 柴火创客空间接受采访的时间为 2017 年 4 月。

活力和创造，将会成为中国经济未来增长的不熄引擎。"①

伴随着总理的到访，柴火创客空间在国内外的知名度迅速上升。"总理为'柴火'又加了一把'柴'，现在我们发展更快，'柴火'更旺啦！"创始人潘昊说。柴火创客空间现已成为全球创客到深圳的一个必去之地。

令来访者最好奇的第一个问题是：潘昊为什么要创办柴火创客空间？

潘昊回忆，2008 年在北京的一次多媒体艺术展中，他第一次接触到了开源硬件，发现开源硬件能够帮助非技术背景的艺术家快速实现自有的创意，他对此产生了浓厚的兴趣。

在对开源硬件进行深入了解之后，潘昊决定开创自己的事业。潘昊是四川人，来深圳之前在北京待过一段时间。他说，他到深圳华强北看了一大圈后，就让朋友把他的行李从北京寄过来，从此在深圳开始了草根创业。在他看来，深圳的确是"硬件好莱坞"，这里离北京远，但是离香港很近，有成熟的供应链生态系统、便捷的物流方式、良好的创业环

---

① 《李克强赞"创客"展示大众创业、万众创新活力》，中国政府网，2015 年 1 月 4 日。http://www.gov.cn/zhuanti/2015-01/04/content_2799860.htm，引用日期：2017 年 6 月 10 日。

柴火创客空间灯光艺术装置焊接工作坊

境、丰富的人才资源等条件，在国内找不到比深圳更适合硬件创业的城市了。

于是，潘昊在 2008 年 7 月成立矽递科技（Seeed Studio），提供开源硬件和敏捷制造，帮助创客将各种创意转化为与众不同的硬件产品，并在智能硬件社区广泛传播。

除此之外，潘昊一直在努力促进创客的跨国交流和跨界合作。学电子工程专业出身的潘昊在大学期间常常参加各种比赛，自己也做一些项目。在这个过程中，他深知要采购到适合自己的硬件是十分困难的，要制作出项目的原型以及进行量产更不是一件容易的事。于是在创业之初，他就决定要为创客提供两方面的服务：一方面是提供开源硬件的模块，让创客能够迅速搭建出产品原型；另一方面是提供小批量制造的服务，为创客的项目进行快速打样和小批量生产，实现量产并推向市场。

2011 年，潘昊在深圳华侨城创意园北区租用了一间大约60 平方米的简陋小屋，创立了柴火创客空间，寓意"众人拾柴火焰高"。他想为创客提供一个自由开放的协作环境，鼓励跨界交流，促进创意的实现，以至产品化。创立之初，柴火创客空间提供基本的原型开发设备，如 3D 打印机、激光切割机、电子开发设备和机械加工设备等，并组织创客聚会和各种类型的工作坊，此外还建立社区人才库，让广大创客能够在柴火创客空间的平台募集人才，快速组建创业团队。

当时，深圳的创客圈还非常小众，甚至有人压根没听过"创客"和"创客空间"之类的名词。

勇当创客文化的传播者

2015 年春天，"创客"成了中国最热门词语之一。国家提出"大众创业、万众创新"后，全国燃起了创新创业的熊熊火焰，创客群体迅猛发展，创业大赛、创客咖啡厅、创客空间、创业孵化器等如雨后春笋。潘昊兴奋地说："这一年，对于中国的创客来说，非常精彩！"

"创客圈之外的人其实很好奇，创客到底是什么？创客空间能干什么？很多人开始走进各个创客空间，想深入了解。柴火创客空间几乎成了深圳一个旅游景点。"潘昊说，为了让在柴火创客空间里做项目的创客能够有一个安静的工作环境，他在附近又租了面积较大的另一个空间，而原来的柴火创客空间将打造成"最具影响力、可持续经营的文化地标"，肩负传播、普及创客文化的使命，让更多人了解"什么是创客"。

他说，从 2015 年年初以来，柴火创客空间接待来访者约 9 万人次。通过每周的开放日，工作人员向来访者介绍创客文化、柴火创客空间的做法，让更多人了解创客及创客文化。

最让潘昊引以为豪的是，柴火创客空间自 2012 年将 Maker Faire^① 引入深圳，至 2017 年已经连续举办了六届，规模一次比一次大。该活动已经发展成一个展示创意、创新与创

① 由美国 *MAKE* 杂志创办，是目前世界上最大型的自己动手做（DIY）聚会。第一届 Maker Faire 于 2006 年在美国加州举行。

造的舞台，一个宣扬创客文化的庆典，也是一个适合一家人同时参与的周末嘉年华。

潘昊介绍，2012 年，柴火创客空间获得美国 *MAKE* 杂志 ① 的官方授权，在深圳举办首次 Mini Maker Faire，给它起了个亲切的中文名——制汇节。制汇节是目前中国最大的创客聚会，它以一种全新的活力告诉世界，深圳进入了一个具有创意创新的新生代力量时代。

创客文化尽显国际范儿

除了举办一年一度的制汇节，柴火创客空间还充当全球创客到深圳进行实地交流的最佳桥梁。

洛桑联邦理工学院（EPFL Lausanne）是瑞士仅有的两所联邦级别科技大学之一。2015 年，该学院发起一个名为"中国硬件创新训练营"（China Hardware Innovation Camp，CHIC）的项目，收集好的想法，由来自工程、设计、商业等不同学科的学生以团队形式将想法变成应用程序或产品雏形，

---

① 创办于 2005 年，是一本结合杂志和书籍形态的刊物，协助读者将自己动手做（DIY）的概念运用到生活中的所有科技领域。

再到中国与包括深圳柴火创客空间、上海新车间之类的创客团队合作生产，并在三十天内落地。经过创意筛选之后，学生们利用深圳矽递科技等提供的开源软硬件，集中十四天开发出产品雏形，再花一天时间做准备工作；之后来到中国，用十二天时间分别和香港、深圳的创客空间合作，制作出产品；最后回瑞士，用一天时间做评测总结。就这样，一个创意在三十天内变成产品。

潘昊介绍，柴火创客空间以自身的软硬件工程师等资源，给这些瑞士学生提供生产车间和技术指导，帮助他们在中国采购原料，并进行生产工艺评测等。"瑞士学生在创新上的思维

柴火创客空间激光切割工作坊

理念值得学习。我们愿意帮助瑞士团队做产品化、小批量乃至批量生产。"2016 年，第二届 CHIC 在洛桑联邦理工学院的名气大了起来，有 60 多名学生报名参与。

其实，像 CHIC 这样的国际合作项目，柴火创客空间一年要承办几十个。柴火创客空间通过分享会，邀请来自瑞典、德国、瑞士、印度、美国、西班牙、加拿大、荷兰等超过 30 个国家的资深创客、设计师、艺术家来分享他们的想法、造物的乐趣，以及自造过程中的经验与教训。通过柴火创客空间与大众见面的名人，有瑞典驻华大使馆科技参赞、德国知名记者，也有来自美国白宫的致力于推动美国创客运动的资深科技顾问，以及来自戈登－贝蒂•摩尔基金会的资深研究员。通过柴火创客空间与大众见面的创客项目，有为推动生物支付所研发的植入芯片技术项目，也有在众筹平台上获得巨大成功的电动滑板项目等。通过这些分享会，柴火创客空间激发大众对创客文化的兴趣，不断传播创新的火种，推动大众创新的发展。

2016 年 3 月，潘昊又开风气之先，在柴火创客空间启动"驻场创客"项目，邀请世界各地的创客来深圳。"我们为这些来自中国其他地区，以及西班牙、俄罗斯和印度等的驻场创客提供免费的场地、工具、设备、物料，以及一定的资金支持，让他们能够有效利用深圳本地的资源来更好、更快地完成他们的创意项目。此外，通过柴火创客空间的平台，我们把深圳本地的供应链产业资源对接给来自全世界的创客，推动'Made in China'（中国制造）向'Innovated in China'（中国创造）转变。"

创客文化培养从娃娃抓起

在第 25 届中国儿童青少年威盛中国芯 HTC 计算机表演赛全国总决赛之创客挑战邀请赛中，深圳荔园小学学生万之灵、

柴火创客空间软陶泥工作坊

沈尧政、周奕辰的作品获得第一名。他们的作品"防近视纠坐姿节能阅读灯"在比赛中就得到了全国人大常委会原副委员长李铁映先生和中国关心下一代工作委员会主任顾秀莲女士的高度赞扬。

荔园小学是柴火创客教育的样板校之一。在老师的引导下，学生们制造出防近视背心、智能浇花系统等富有创意又非常实用的装置，让潘昊和老师们吃惊不已。

在潘昊看来，推动创客文化成为全民内化的创新意识，可以从创客教育入手，从娃娃抓起。他说："创客空间其实也是给孩子们'撒野'的地方。除了考试之外，他们还不能理解所学知识在未来给他们带来的作用。创客空间其实是给孩子们一个机会，让他们和成年人一起，发挥他们独特的视角，运用他们独特的方式，去解决问题，创造一些事物。"

为了更好地推广创客创新精神，柴火创客空间 2015 年推出了"柴火创客创新教育计划"。该计划以校园创客实践室为载体，以创客教育课程开展为核心，以中小学创客教师培训为持续动力，通过创新教育、体验教育、项目学习等教育方式，实现学生创新思维及能力的提升。截至 2016 年年底，柴火创客空间已与全国几百所中小学共建了校园创客空间,遍布广东、广西、山东、河南、湖南、福建、江西、新疆等近 20 个省区。柴火创客教育公益援建了其中的 19 所校园创客空间,为学校配备 3D 打印机、柴火"造物吧"套件等设备。每月举办创客师资研修班,已举办 10 期,培训来自全国各地教师 250 余人;与中央电教馆、各地教育部门合作,组织集中短期培训 20 余场,培训教师 1000 余人;在北京、上海、广州、成都、青岛、贵州等地开展创客教育推广活动 20 余次,面向学校、社区、家长、学生传播创客文化;与新疆、深圳教育部门合作发起当地中小学创客比赛;与全国近 200 家教育机构合作,共同举办工作坊、讲座、展会数百场,服务当地创客教育;与英特尔等知名厂商合作推出创客教育套件;与宋庆龄基金会、中国航天科技集团进行战略合作,研发教育卫星,发起并推动全国航天创客教育计划。

　　"援建社会和社区的创客空间,是'柴火'义不容辞的责任。"潘昊认为,柴火创客空间建立的一套完整的复制体系,可将空间建设、运营模式、品牌推广、内容产出等创客空间基础建设内容快速而便利地复制到全国各地,从而在全国建立起完善的创客空间网络，推动中国创客文化发展。目前，柴火创客空间已在全国援建创客空间 11 家，援建政府及行业众创空间 6 家，合作的空间遍布全国各地，如成都、青岛、昆山、天津等地。

打造创新"路由器"

"大众创业、万众创新"吸引全球创客聚焦中国，如何将创客带来的创新技术转化为本土产业升级的动力？ 2016 年 10 月全国"双创周"期间，柴火创客空间首次展示了升级后的形态——柴火造物中心（x.factory）的运营模式。未来，柴火造物中心将复制到全国各地的产业聚集地，成为全球化科技创新与产业集群升级的"路由器"。

升级后的柴火造物中心将链接全球创客与产业集群，实现"中国制造"向"中国创造"的转变。潘昊介绍，首间柴火造物中心——深圳南山区万科云城设计公社于 2017 年年初正式开放。该造物中心地处建筑设计公司、家具设计公司等中小企业的聚集地，将以建筑设计、智能家居为特色。

通过引进产业集聚地的专业设备，来自全球各地的创客可便捷地将创意在柴火造物中心变成现实。而在产品原型的打造过程中，相关产业可发挥技术优势，提供技术专家作为顾问，与创客们协作创新，促进新项目在产业中的应用。

以家具制造业为例，来自国外的一名创客带着一个智能书桌项目来到柴火造物中心。在这里，家具厂商的技术顾问为他提供专业的技术支持，协助他将智能书桌的原型打造出来。在双方通力协作的过程中，家具厂商认为这个项目有市场前景，于是柴火造物中心将该创客的项目对接给家具厂商，快速实现小批量生产。这不仅缩短了新技术从原型到小批量生产的周期，而且为传统产业的升级提供了源源不断的创新灵感。

现在，柴火造物中心像一个路由器，一头连着国内外的极客（专业创客），一头连着先进制造的机器集群。双方共同促进一个产品从想法到原型，最终走向市场，推动新科技、新设备、新应用、新市场的发展。

"未来，柴火造物中心可复制到全国各地的产业聚集地，成为全球化科技创新与产业集群升级的'路由器'。"潘昊说。

创客的核心精神是折腾与嘚瑟

潘昊

无论是创立柴火创客空间之初还是现在，我始终认为，创客的核心精神是折腾与嘚瑟，即大胆创新、敢于分享。这也是创客身上的两种特质。这与深圳的创新文化精神是一致的。我所坚持的一个观点是，创客的起点一定不是商业，而应该是对某个事情有兴趣，喜欢这种生活方式，然后再去创造商业化的价值。我们这一代人创业不仅仅是追求财富。不创业就活不下去吗？也可以活下去。但创业能让我们见证过去不存在的东西变成能够运营并持续成长的东西。

现在的创业环境更宽松，创业者可以充分释放自己的能量。现在的技术和知识也变得更加容易获得。以前的创业者要学很多东西；现在的创业者不需要懂全套的财务体系和市场营销体系，有一个好的想法，就可以通过互联网对接到全世界的资源，迅速组建团队。过去的创业思路是要把出货量做出来。现在这个时代，创业的公司不一定贪大，很多是服务小众市场，提供小众产品。

　　年轻人创业，要不怕失败，勇于尝试。其中最关键的一点，就是不要盲目跟随风口，而是要找到自己愿意坚持的事情。

【人物档案】 📍 潘昊

　　潘昊，柴火创客空间创始人、深圳矽递科技股份有限公司总经理。作为封面人物入选《福布斯》杂志（中文版）评选的 2013 年度中国"30 位 30 岁以下企业家"。

第二节　深圳留创园：种下梧桐树 引得凤凰归

从 2000 年的 2000 多平方米、20 余家企业入驻的留学生创业"小暖巢"，发展到孵化面积 3 万平方米、孵化企业近千家、优秀企业不断涌现的"大孵化器"，深圳市留学生创业园（简称"深圳留创园"）实现了从无到有、从小到大、从弱到强的跨越式发展，为吸引留学人员、培育留学人员企业、转化科技成果、促进高新技术产业进步做出了突出贡献。

自主与创新，是深圳留创园的主旋律。这里走出了一大批优秀的企业：发明闪存盘的朗科，发明厚度仅为 0.01 毫米的柔性显示器的柔宇，在激光显示领域拥有全球专利技术的光峰光电，引领大数据发展的华傲数据，发明无袖带连续血压监测仪的诺康医疗，研发 IGBT[①] 驱动模块、打破国外垄断的青铜剑……

种下梧桐树，引得凤凰归。深圳留创园通过体制和机制创

———————————

① 绝缘栅双极型晶体管。

新，倡导心贴心的服务理念，成为深圳吸引留学人员的重要载体。成果来了，人才来了，资金来了，各种生产要素汇聚在这个大平台上，有力地推动留学人员聚集鹏城激情创业。

体制创新：留学人员自己管自己

深圳留创园从创办伊始就具有与众不同的创新基因。

2000 年 10 月，由深圳市人事局、深圳市高新办、龙岗区政府和美国国际华人科技工商协会联合投资兴办的深圳市留学生创业园，在高交会期间正式启动。这是全国唯一由留学生机构参与建设和管理的留学生创业园，在全国几百个留学生创业园中开了先河。深圳留创园按照中外合营、股份制的模式建园办园，在机制上保证了"以服务为宗旨、优先为企业"的理念。

在深圳留创园，除了入园企业清一色由留学人员创办外，管理方也是一批有留学经历的高层次人才，这在全国各地的留学生创业园中绝无仅有。在美国学习、工作了十余年的张滨龙博士是第一任总经理，他曾经感慨地说："由留学人员来为留学人员办企业提供服务，最大的好处是互通脾气，容易沟通，了解需求。"现任深圳留创园总经理张一君曾在国外学习工作多年，曾获法国荣誉骑士勋章。

创新的体制，带来全新的气象。一走入深圳留创园的大堂，马上就会发现醒目的"为您服务"公告栏："创业园组建的创业导师团队和专家委员会，为园区企业提供创业辅导相关服务，包括融资、法律、财务、知识产权、人力资源，凡有需求的企业请与创业园办公室联系，提出需求，创业园将与相关专家联系。"为了帮助企业发展，深圳留创园定期举办项目路演活动，邀请相关专家进行点评，并协助企业融资。

在具体运作上，深圳留创园除为留学人员创业企业提供场地，代为反映留学人员的呼声和困难，并帮助解决问题外，还具体提供六大类一百余项

留学生创业大厦

服务，包括项目管理及工商注册服务、培训咨询服务、融资服务、商务文秘服务、信息服务和联谊沟通服务；创立留学生创业园网站；联络各种风险投资基金，协助入园企业融资；办理入园企业科技人员出国（境）手续；举办专题讲座；提供工商注册代理、税务登记代理；提供财务代理记账；设立商务中心，提供文秘服务等。

留德博士陈文娟在创立深圳维示泰克技术有限公司前，曾到深圳南山区实地考察创业环境。她回忆："2010 年年底，为了办出国留学人员资格证明，我到留学生创业园的网站查阅了办事所需的文件目录，按顺序一一准备好，再到市民中心去办事。窗口工作人员很快看完材料,并告诉我取证明的具体时间。"回忆起当时的感受，陈文娟感慨："这让我想起了德国政府行政人员的严谨、高效。"于是，陈文娟立即决定在留学生创业大厦开始自己的创业。发展到今天，她的企业已经有 200 多人的规模，是国内唯一覆盖 3D 打印全产业链的高新技术企业。她动情地说："有了留学生创业园，我和我的项目就有了一个真正温暖的家。"

服务创新：科学管理与贴心服务并举

在深圳留创园，科学管理与贴心服务并举，经过将近二十年的发展，呈现两大鲜明特色。

其一，入园企业特征明显。入园企业的留学人员都持有深圳市外专局颁发的"出国留学人员资格证明"，在企业中至少占 50% 的股份。入园企业百分之百是回国留学人员创办的企业，人员学历较高，都处在青壮年阶段，项目的科技含量高，很多都处于世界领先水平。

其二，流动性强。作为孵化器，深圳留创园根据科技部科技企业孵化器的管理办法，结合实际情况，确定了企业在园区的孵化期为三年，与企业的孵化协议一年一签，到期离园。成立至今，深圳留创园的孵化场地始终处于饱和状态，出一家进一家，每年进出的企业均在 40 家左右。企业的流动，使深圳留创园始终充满活力，优秀项目、优秀人才不断涌现。

正是高门槛的准入制，引来高质量的好项目。引来了"金凤凰"，接下来如何服务好他们，让他们能展翅高飞呢？这也是一项极为重要的任务。

深圳留创园办公室主任刘海涛在这里做留学生项目的孵化

服务工作将近二十年，他的心得是，用热心与耐心，扶持这些优质小苗长成参天大树。

在早期，为提高服务质量，深圳留创园根据企业需求，不断开拓新的服务项目，陆续建立、完善相关服务平台。其中，网络服务平台包括网站、信息管理系统、应用程序、留创园云圈、微信公众号等。专业服务平台包括知识产权全流程服务、产业化服务、天使投资、财税服务、法律服务、创业导师公共服务平台，为入驻企业提供专业的服务。刘海涛介绍："创业园自主开发的'孵化器综合管理平台系统'得到上级部门的充分肯定和赞赏，2014 年获软件著作权。"

深圳留创园周到的落地服务尤其值得关注。深圳留创园最大的特点是入园企业全部是留学人员创立的小微企业，其中80% 的留学人员与深圳没有"血缘"关系。因此，让他们尽快地安定下来是首要工作。这类服务包括政策咨询、工商注册、税务登记，以及留学人员办理入户、居留、签证、驾驶证等有关政策，签证和护照的延期、人事政策、社保、劳动合同办理的相关事宜，银行开户办理手续、因公赴港澳通行证、企业代理记账，以及其他一些个人事项，如旅行有关事项（机票、车船票等）、租房买房、子女入托入学等。

从海外归来的高层次人才，绝大多数不熟悉国内的政策环境，也缺乏人脉，在享受优惠政策、进行融资等方面需要更多的帮扶。入驻深圳留创园的留学人员大都是做技术出身，在企业管理等方面有一定的不足。刘海涛介绍："我们的培训主要是针对企业的共性问题进行的，包括关于企业管理、市场营销、财税、知识产权、人力资源、融资技巧、政策解读等内容的讲座。"留学人员都希望相互之间、与社会各界之间能够有更多的联系交流，于是深圳留创园积极营造环境，增加他们交流的机会。比如，坚持了十多年的留学生沙龙活动；社区体育、摄影等活动；留学生联谊会等活动；与统战系统、侨界建立紧密联系，推荐企业、留学人员参加相关组织；组织留学人员赴外地参观考察等。

刘海涛说："入园企业在入驻时都是新成立或成立不到一年的小微企业，资金缺乏是他们的普遍特点。因此，协助他们融资是我们的重要工作。这类服务包括协助入园企业与各类金融机构联系以扩大融资渠道，举办各种形式的推介会、见面会、洽谈会、沙龙等，让企业与投资金融机构多接触，增强了解，促成他们的合作；设专人与投资金融机构建立长期的联系，推荐项目，跟踪项目，提高成功率；建立企业信用评估系统，作为推荐好项目的依据。"目前，深圳留创园与几十家风投机构建立专人对接的固定联系，随时推荐项目。同时，深圳留创园还积极与银行、担保等金融机构探讨新的融资模式，并成功地在深圳促成了留学人员第一笔个人信用贷款。

深圳留创园最核心的是个性化服务，用最新的一个词来形容，就是"用户触发"，即通过与企业的紧密联系，充分了解它们的需求与困难，及时帮助它们解决遇到的问题。深圳留创园因此受到了入驻企业的好评，被誉为"与企业最近的园区"。

成果斐然：海归经济独领风骚

深圳留创园已成为深圳吸引留学人员的重要载体，吸引了一批视野开阔、充满智慧的顶尖技术型人才从美国、英国、加拿大、日本、德国等国家来到深圳，初步形成人才集聚效应。这批年轻的创业留学人员不但学历水平高，更为关键的是，他们拥有世界前沿技术，具有广阔国际视野，熟悉国际惯例，具有广泛的国际人脉和强烈的创业精神。他们满怀破釜沉舟的创业勇气，带着只争朝夕的一腔热血，用辛勤的汗水，扎根在深圳这片创业沃土上，誓圆自己的梦想。

张一君认为，深圳留创园引入的项目具有很高技术含量：一方面，可以抢占高科技技术产业链的最高端；另一方面，也极大地丰富着深圳的产业生态。张一君介绍，截至2017年，深圳留创园累计孵化企业959家，毕业企业767家，企业在园期间累计实现技工贸总收入71.08亿元，实现出口3.31亿美元，上缴税金4.19亿元；企业在园期间获得的专利从2001年的28件增加到2017年的758件，其中发明专利186件；企业累计获得国家、省、市各类资助2.61亿元，获得各类融资15.61亿元。

比数字更具深远意义的是留学人员企业的内在产业构成以及人员来源：深圳留创园吸引了一批视野宽阔、充满智慧的顶尖技术型人才，初步形成人才集聚效应，所带来的项目涵盖信息技术、通信、机器人、生物医药、新材料、新能源、集成电路设计、光机电一体化等。

来自深圳留创园的一些优秀项目已经顺利产业化，高科技成果走入千家万户，已经悄然改变了我们的生活——比如，朗

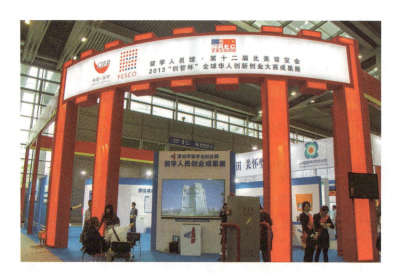

深圳留创园参加第十二届北美留交会

深圳留创园承办的 2016 海归创新创业论坛暨联谊沙龙

科创始人邓国顺到深圳留创园的时候，带来了一个打火机大小的东西，说可以抵 10 张软盘，当时大家都觉得不可思议。今天已经难寻有软盘驱动器的电脑，人均一个优盘一点儿都不夸张。

又如，迅雷 2002 年进入深圳留创园时还叫三代科技，最初入园时还没想到做下载工具。在 2004 年之前，网络快车等是下载工具的主流，但是迅雷的下载工具出来后，完全改变了格局。

另外，深圳留创园还涌现了研制出全球最轻薄彩色柔性显示器的深圳市柔宇科技有限公司、拥有全球领先激光显示技术的深圳市光峰光电技术有限公司、国内首个具有国际先进技术水平的高通量基因测序系统的深圳华因康基因科技有限公司、全球首创压力加密面板技术的深圳纽迪瑞科技开发有限公司等一大批优秀企业。

这些具有创新价值和成长柔性的知识型、科技型企业丰富和提升了深圳市的产业结构。海归之火已由当年的星星点点演绎成今日的燎原之势。人们从这星火燎原的态势归纳出一个新词——海归经济。

不容置疑的是，深圳海归经济粗具规模，特别是在高新产业上独树一帜，产生了一批有影响力的龙头企业，成为深圳自主创新与产业提升的重要力量。

深圳青铜剑科技股份有限公司（简称"青铜剑"）就是一个典型案例。英国剑桥大学博士汪之涵2009年回国创业的时候，只有满脑子专业知识和满腔报国热情。深圳留创园以每平方米40元的低廉租金为他提供场地，让青铜剑熬过了最艰难的产品研发试制阶段。

汪之涵回忆公司刚成立的阶段，饱含深情地说："深圳市留学生创业园对园内企业在政策指导等方面提供很多支持，而且园内有很多同类型的企业，大家可以一起交流，互相借鉴，往往在交流中，解决问题的办法就有了。"正是在深圳留创园的帮助下，汪之涵申请了"留学人员来深创业前期费用补贴"，并获得一等资助30万元。这对刚刚起步的青铜剑来说是雪中送炭。

创业不到三年，青铜剑就开发了大功率IGBT驱动芯片，不仅打破了国外的技术垄断，更改变了我国在IGBT驱动领域严重依赖进口的被动局面。如今，青铜剑已成为业内翘楚，获得几轮投资，员工也增加到100多人，更在上海、南京成立了分公司。

　　每一名来深创业留学人员的身后，往往像葡萄一样，串联、互联，甚至直接烙刻着全球性的技术链条、资金链条、人脉链条和资讯链条。奥比中光创始人黄源浩说："我动员在美国读书时结识的留学生朋友回国创业，因为深圳是最适合创业的沃土。到目前为止，他们没有人对归国创业感到后悔的。"2016年，汪之涵与深圳清华大学研究院联合从瑞典皇家理工学院引进一支碳化硅功率器件的研发团队，在深圳进行产业化。汪之涵说："海归引海归，效果更好，大家共同发展，互相借鉴。"

　　张一君介绍，为了更好地承接和孵化留学人员的创业项目，深圳市留学生创业园在2015年办起了留学生创客中心。在深圳市科创委的支持下，创客中心2015年5月正式开始运作。截至2017年3月，500平方米的留学生创客中心有在孵项目10个，已经毕业项目11个，累计孵化项目42个，团队总人数超过150名，促成投资项目2个，成为初创团队接受孵化的第一站。

　　有人说，深圳南山区就是一个巨型孵化器，而深圳市留学生创业园是为留学生创业定制的"暖巢"，如今的留学生创客中心则是针对留学人员早期创业项目设立的更精细化服务的"保育箱"。可以说，留学人员归国创业的道路越来越平坦敞亮！

一座城市与一种激情倾心碰撞，一种力量在一座城市勃然兴旺。当我们把目光投向深圳湾畔，投向高新区，会蓦然发现，深圳市留学生创业园的风景竟如此灿烂！

【创业心路】

成功不必在我，成功有我见证

刘海涛

服务创业企业其实是一件很幸福的事情，它可以让你保持年轻的心态，促使你不断学习，结交朋友。

做孵化器工作，要有平和的心态、服务的精神，从一点一滴的小事做起。成功不必在我，成功有我见证。

【人物档案】 ♀ 张一君

张一君，深圳市留学生创业园总经理。曾获法国荣誉骑士勋章。

【人物档案】　📍　刘海涛

　　刘海涛，比利时鲁汶大学管理硕士，高级经济师，深圳市科技专家，深圳市留学生创业园办公室主任。从事孵化器服务管理近二十年，服务创业企业超过 1000 家。

第三节　中科创客学院：传递创新创业的密码

2015 年 10 月 19 日，国务院总理李克强考察中科创客学院项目时说，这是一所没有围墙没有边界的"大学"，希望你们不断扩大辐射范围，传递更多创业创新的基因密码。

执掌被总理盛赞的中科创客学院的，是一位年轻的女性——薛静萍。面容清秀、身材娇小的薛静萍，常常给人邻家女孩的印象，但实际上她做事常常具有独创性。她说："中国科学院深圳先进技术研究院院长樊建平很看好创客平台的建设，所以 2014 年就把我从人教部门调出，负责筹办中科创客学院，没想到这里给了我一片新天地。"

创新创业的家园

中科创客学院 2014 年 11 月成立，不到一年时间就吸引了很多优质项目。在 2015 年"双创周"北京主会场展区，一款名为"生毛豆"的智能温度计吸引了国务院总理李克强的目光。

薛静萍对此颇为骄傲，"生毛豆"属于首批入驻中科创客学院的五个项目之一。这五个项目现在都已毕业，其中四个获得了天使投资。"我们给创客提供场地、设备、技术、人事、法务、财务培训、融资等服务，这里的创客不用交场地租金，我们用服务获得企业的微股权。创客评价我们这里商业味道没有那么重，可以安心做研发。他们把学院当作创新创业的家园。成立初期，在创客学院里育成的项目年度创业成功率达18%，也就是说，每年有18%的团队拿到第一笔天使融资，或是产品已经在市场上销售。"

随着中科创客学院的发展，成功的案例越来越多。例如，从象牙塔里的懵懂少年到创业明星，哈尔滨工业大学深圳研究生院博士刘兴华在中科创客学院迅速成长。从Banana Pro单片机到梦幻芭蕾灯，从一个光杆司令到近百人的团队，从默默无闻地单打独斗到与香港科技大学、清华大学、哈尔滨工业大学、中南大学、兰州大学联合协作，刘兴华已经将中科创客学院视为自己的创业之家。

全力打造创新教育平台

深圳中科先进实验学校里，家长们欣喜地看到自己的孩子兴致勃勃地学习创新算法实验室的课程；惊喜地看到一名四年级小学生的发明成果——"针对色盲患者使用的路灯"，获得创新大奖……

鲜为人知的是，这些都是中科创客学院的团队默默耕耘的结果。

如何才能扩大辐射范围，传递更多创新创业的基因密码呢？薛静萍的回答是——创新教育。中科创客学院围绕"创新教育"这个核心，已建立包括一个体系（中科科技创新教育体系）、两个中心（北方中心——北京科学中心创客空间、南方中心——深圳中科先进实验学校）、三个板块（科学馆、学校、社区）的科技创新教育模式。

中科科技创新教育体系是中科创客学院在中国科学院深圳先进技术研究院的指导和支持下，联合深圳市机器人协会及其他社会力量，在对国内外科技教育不断探索与实践的基础上建立的一套具有前瞻性的科技创新教育体系，包括六大模块：博士课堂（科普知识）、创造力（思维工具）、创客（物理工具）、机器人（技术技能）、创造力测评系统（教研指导）、等级考试体系（检验拔尖）。薛静萍说："我们旨在充分发挥并补充现有教育资源，完成普及性、创新性科技教育工作，让更多青少年具备与国际领先水平接轨的科技实践能力。"

薛静萍介绍，中科科技创新教育体系通过六大实验室进行科技创新人才的教育培养工作。这六大实验室功能各异，相辅相成，在课程上配合教师更好地呈现教学效果，灵活服务于学生学习情况和知识融合程度，促使学生深刻地理解科技创新。学生通过不同实验室不同阶段的学习，从量的积累储蓄为质变。深受青少年喜爱的 TRIZ[①] 发明实验室是以 TRIZ 理论体系为基础，让学生通过学习典型的发明方法，了解发明的规律性，能够用一定的发明方法分析问题和提出解决方法，并且通过启发式、探究式、讨论式、参与式教学，帮助学生学会运用自身的知识储备，解决发明中的实际问题。

其实，TRIZ 发明实验室只是系列创新课程中的一门而已。针对目前科技教育缺乏内容这个痛点，中科创客学院重点进行

---

① 发明问题的解决理论（theory of the solution of inventive problems）。

课程的开发和教研，开发了 300 多门创新课程，并已经与 30 多所学校和机构合作，共同探索科技课程与传统课程的有机结合，联合开发更多更有意义的创新课程，共同培养创新人才，传递创新的基因。

薛静萍说："在欧美国家，很多学校都设置了专门的创客课程，搭建了创客平台，如 MIT 的 Fab Lab，帕森斯设计学院也在筹划设立相应的平台。创客教育已渗透到日常教育中，我国的教育也应借鉴创客模式，尝试颠倒式课堂和基于项目的学习模式，让学生在创客活动中接触最前沿的技术，并进行实践。"

目前，在中国科学院科学传播局、中国科学院广州分院的指导下，由中国科学院深圳先进技术研究院和深圳市南山区人民政府主办，由中科创客学院、香港中文中学联会和澳门科学技术协进会具体执行，共同推进"粤港澳大湾区青少年创新创业教育基地"的建设；共同开展科学教育教研工作，探讨科学教育创新课程模式，构建粤港澳学生创新研学模式；共同策划举办科普活动，如创新大赛、全国科普周等，提供师生交流展示的平台。

创业培育平台越来越红火

2016 年春天，中科创客学院入驻了一个新企业——深圳市犬协科技有限公司，技术提供方是中国科学院深圳先进技术研究院集成所鲁远甫团队，他们目前主要从事光电传感、光电探测等方面的研究，其一个主要的研究方向是虹膜识别技术的应用。之前，鲁远甫的研究成果主要用于人眼的虹膜识别，可突然有一天，一家公益组织——深圳市犬类保护协会的工作人员找到他，咨询是否能够将虹膜识别的技术应用在犬只保护和管理方面，进一步推动深圳市在动物保护方面的立法工作。鲁远甫觉得有机会能把自己的成果拓宽到其他领域并参与到公益工作中，非常有意义。于是他的团队与该协会及中科创客学院一起注册了新的公司，首创采用虹膜识别管理系统对犬只进行管理，能够准确采集城市家养犬的信息并入库，以获得犬只虹膜信息作为身份识别标志。"毕竟犬只不会主动配合，所以要求我们的技术能够做到快速地录入、识别，并且要有足够的安全距离。我们要针对犬只进行技术开发，解决实用性问题。三个月内，我们做出了工程样机。"鲁远甫说，该项目在 2016 年 12 月底的南山"创业之星"大赛中获得大学生创新组一等奖。

像犬只虹膜识别项目这样得到成功孵化的项目不胜枚举。目前，中科创客学院已形成自身独特的针对高科技创业项目的"4C"培育模式：辅导（coach）、支撑（cornerstone）、交流（communication）、资本（capital）。

从辅导的层面看，中科创客学院实行创新、创业双导师驱动创业的培育模式。创新导师大多是来自中国科学院深圳先进技术研究院的科学家，形成了良好的师生、师兄弟关系；创业导师大多是知名投资机构的资深投资人、创新企业的合伙人。针对项目，创新创业导师提供一对一科学培训与专业系统指导，以及资源渠道支撑。薛静萍说："科学家是注重基础研究的，知道什么技术最前沿，而创客更偏重应用领域，知道什么应用最酷、最接地气。这两者有机结合，能产生神奇的效果。"至今，中科创客学院已建立起近100人的创新创业导师库，逐步建立和完善"创新精英＋技术精英＋产业精英＋资本精英"四位一体的导师体制，引导双创群体与科学家、商业人士、精英人才接触，促进"双创"群体走出象牙塔，走向商业原生态。

从支撑的层面看，中国科学院深圳先进技术研究院将其六大测试平台、五亿科研设备、四千个专利开放给社会，为创新创业者提供了强大的科研创新资源的支撑，促使创客成为科研成果转移转化的新载体，同时也盘活自身资产，提高科研成果转化率。

从交流的层面看，中科创客学院依托中国科学院、深圳市南山区政府等资源，积极促进创客之间的交流与合作，已经累计组织超过60场次的活动赛事，服务超过25万人次。特别是在由国家发改委和中国科学院等共同举办的中国国际高新技术成果交易会（简称"高交会"）上，创客赛和创客展已经成为重大活动与专展，是数十万人次参与的全国性创客技术交流与展示的品牌活动。

从资本的层面看，中科创客学院同时进行两类资本的建设——风险资本和产业资本。薛静萍介绍，中科创客学院已经设立了自己的种子基金，与深创投共同发起红土创客基金，还积极与社会知名机构，如松禾资本、中国平安等展开各种模式的合作，帮助创客在完成创意和研发之后，可以更方便地进行融资和商业化，从而形成一条完整的创新创业链条。

创业孵化经验辐射全国

为支撑"-1 到 N"全链条双创生态建设，中科创客学院分别设立了相关载体，例如在北京、武汉、乌镇、长沙、香港、澳门等地设立了分支机构或合作机构，不断扩大辐射范围，开展大小微企业协同创新的网络化拓展。

武汉国际创客中心是中科创客学院在华中地区的合作样板。为践行"大众创业、万众创新"国家战略，积极响应国务院总理李克强关于"建设央企专业化'双创'平台"的指示，中科创客学院与烽火集团合作共建武汉国际创客中心，致力于建设"智慧城市"专业基础人才的培养基地和创新项目的培育平台，推动智慧城市在中国的发展，助力武汉成为全国首个智慧城市。武汉国际创客中心自 2016 年 6 月开业以来，已培育 20 多个入驻项目，大多是烽火集团内部员工的创业项目。比如，耦合机器人是烽火集团员工黎荣钢为解决岗位中的降本增效而自主研发的，使原来需要六人操作变为只需一人操作，且设备成本降为原来的 25%。目前该设备在通信制造行业中需求量大。

2016 年 7 月，中科创客学院与平安不动产合作签约成立平安创·中科创客学院，第一批 11 个项目通过评审落户乌镇。

如今，平安创·中科创客学院·乌镇创客小镇发展势头喜人。在乌镇镇政府支持下，创客小镇结合乌镇产业优势和平安产业布局，聚焦"互联网＋大健康、文创旅游"，进行项目孵化和加速。在该创客小镇孵化的安恒信息网信之光项目拥有全国领先的信息安全解决方案提供商，将在乌镇打造大数据反欺诈预警平台、E安全资讯综合服务平台、云上网络安全学院，极大提升桐乡市作为世界互联网会展、服务、应用先进区域在国家信息安全产业中的地位与作用。

薛静萍说，中科创客学院能与各地政府和大型企业建立良好的合作关系，主要是本身已经建立专业化创新项目评审、管理、考核体系，保证创新项目孵化的科学性、专业化，项目通过"申请入驻—入驻评审—资源配套"完成入驻孵化，通过"项目经理—主管项目副院长—投资评审委员会"三级管理考核机制建立项目定期考核机制，保证项目孵化进展把控、退出节点确认等。

中科创客学院正成长为国内创客孵化平台的高端品牌：一方面，吸引国内外著名企业，建设联合众创空间，例如中科创客学院－英特尔联合众创空间、中科·万科创客营、中科通产创客社区等；另一方面，全国首个博士后创客驿站 2016 年在深圳成立，中科创客学院负责建设，并将充分利用中科创客学院和中国科学院深圳先进技术研究院博士后科研流动站的支撑，吸引国内外优秀青年博士前来交流及入驻，形成博士后创客挖掘工程，进一步聚集高水平创客人才。

2017 年 5 月，中国科学院深圳先进技术研究院协同中科院科发局，由中科创客学院联合斯坦福国际研究院建立"中科－斯坦福国际创业营"，向中科院内外征集了上百个以博士、博士后创业项目为主的技术创新项目，经过培训和对接资源，由产业经验丰富的创新创业导师、产业教练支持，加速孵化。创业营通过海选、评审、培育辅导，支撑超过 30 个创新创业企业实现加速孵化，和国际市场资本资源对接。

"这种'大手牵小手'的模式，让创新有效驱动创业得以实现。"薛静萍介绍。

此外，建设粤港澳大湾区青少年创新科学教育基地是中科创客学院在 2017 年开始启动的一项亮点工作。该基地由中科创客学院、香港中文中学联会和澳门科学技术协进会三方具体协同执行，坚持"高端、引领、有特色、成体系"的工作定位，

2018 年，中科创客学院执行承办中国科学院第一届"率先杯"未来技术创新大赛

2018 年，中科创客学院承办粤港澳大湾区青少年创新科学大赛

以推动"高端科研资源科普化"为目标。中科先进院实验学校、香港培正中学和澳门培正中学等20余家中小学作为基地的首批先导学校，将根据总体建设规划，引入相关的课程体系，积极参与、开展研学活动与双创教育活动，并以此为抓手，切实推进粤港澳大湾区青少年爱科学、爱生活、爱国家的"三爱"教育，同时也服务于中国科学院深圳先进技术研究院高端人才的落地支撑。

薛静萍说，粤港澳大湾区青少年创新科学教育基地所举办的研学行活动、大赛、基地校联盟教研等已取得显著成绩。

【创业心路】

女性创业如何转劣势为优势?

薛静萍

与男性创业者相比,女性创业者会存在一些劣势,比如拖家带口的女性会更顾家,做事情比较感性。作为中科创客学院的负责人,我觉得我可以把劣势转为优势,更好地做好服务创客的工作。

首先,管理是一门艺术,女性以柔克刚,能更好地管理团队、面对客户和合作伙伴,在谈判的时候常常能达到意想不到的效果。我常常帮助创客去见投资商,在洽谈的时候会抓住投资商的诉求,尽可能帮助双方达成合作。

其次,女性偏感性,心思细腻,同理心强,善于沟通,会更多地考虑对方的感受,特别适合做协调性的工作。中科创客学院作为执行单位之一,参与了粤港澳大湾区青少年创新创业基地的筹备工作,需要开展一系列活动。安排港澳地区学生来深圳进行研学,以及进行师资培训等工作,举办粤港澳大湾区创客大赛、创客展，这都需要协调大量的资源。这个时候，女性心思细腻缜密的特点就有用武之地，我可以胜任这样的组织工作。

最后，女性创业者的野心普遍没有那么大，会更加脚踏实地地做好每一件事。作为中科创客学院的负责人，我不追求快速、大规模地扩张，而是踏踏实实做好每一项具体工作，不断打磨和完善我们的产品，比如创新教育的产品、创客空间运营的产品、品牌活动的运营等。做好这些具体工作之后，创客自然在这里获得很好的发展空间和舞台，我的工作效果也就彰显出来了。

【人物档案】 ♀ 薛静萍

　　薛静萍，中科创客学院创始院长，深圳市女创客协会副会长。曾任中国科学院深圳先进技术研究院人力资源与教育处副处长、深圳市特色学院——深圳先进技术学院筹建办执行主任。

第四节　华强北国际创客中心：全程助跑创业者[①]

被誉为"中国电子第一街"的深圳华强北，是全国规模最大、产品种类最齐全的电子产品交易集散地，是国内电子行业的"晴雨表"和"风向标"。

在华强北这片繁华之地，有一个创客平台闹中取静、环境优美，它就是华强北国际创客中心。这是华强集团倾力打造的综合创新创业生态平台，为创业者提供"从摇篮到上市"的全程服务。

华强北国际创客中心总经理李诺夫是一位拥有多年创业经验的企业家，能为创客项目提供全方位的指导，已经帮助华强北国际创客中心成功孵化了一批优秀企业，奠定其"江湖地位"。

全过程服务是成功运营的诀窍

李晓鹏创办的杭州奇客巴士科技有限公司（简称"奇客巴

---

① 华强北国际创客中心接受采访的时间为 2017 年 1 月。

士"），在李诺夫的总体策划下，于 2016 年 11 月 11 日在杭州开业，头三天平均客流量接近 8000 人次，500 平方米的店铺被挤得水泄不通，店门口更是排起了长龙。立志要做中国"颜值"最高的黑科技集合店的李晓鹏认为，面对电商大潮冲击的零售危机，线下实体店不是死胡同。"我们开这个店的核心是要解决市面上新硬件产品的销售问题。"

奇客巴士是如何在短时间内迅速崛起并获得投资机构的追捧的？李晓鹏首次公开这个谜一样的创业历程。

2012 年，思科提出万物互联战略，许多国家和地区纷纷出台与物联网相关的政策进行战略布局，不少国际巨头开始抢占物联网风口。作为科技爱好者，李晓鹏开始关注智能硬件产品，并且结合自己的体验，发现存在两个问题：一是很多智能硬件产品并不靠谱。线上可以通过展示视频和图片让消费者轻松了解产品信息，但消费者却无法辨别什么智能硬件产品才是好用的。二是体验差。智能硬件产品大部分在线上销售，可以通过众筹、电商平台购买，但实际上，因为消费者没有把玩过，所以转化率特别低。

经过长时间的观察分析，李晓鹏认为，智能硬件产品的销售单靠线上是不行的，"消费者只有去深度体验、试用后才会购买智能硬件产品"。例如，由于没有体验过，很多消费者在面对市面上各种各样的智能手表时不敢下手。另外，大部分智能硬件产品还没有成熟，只是完成从技术到市场化，离商业化还很远。

"市场化的逻辑是你能够做出产品，产品能用并实现量产。而商业化的逻辑是要好卖且好用。"李晓鹏说，"目前大部分硬件还没到商业化的逻辑。"

基于此，李晓鹏提出了奇客巴士这样一个智能硬件体验店的想法。他认为，智能硬件产品线下体验店的模式未必能引领

华强北国际创客中心路演厅

电商潮流，但在智能硬件领域，线下的权重会高于线上很多，因为智能硬件产品的早期销售需要引导、教育用户，所以需要有门店做用户教育，另外还要有线下的实物进行体验。

李晓鹏把这些奇特的想法告诉李诺夫，得到李诺夫的高度认可。两人多次洽谈商业模式的细节，碰撞出的火花是，要解决线上与线下结合的问题，需要采用智能硬件和线下商业地产结合的模式。李晓鹏熟悉智能硬件，但却是商业地产的门外汉。李诺夫凭借多年来在创客圈积累的人脉，为李晓鹏找来一个商业地产大佬作为合伙人，负责商业门店的线下运营，而李晓鹏则专注于硬件产品的选型和专业买手团队的建设，把商业模式进一步优化。

从智能硬件产品的技术创新到商业化，再到获取利润，并不是一个轻松的过程，其中有许多方面需要创业者做出判断与抉择。李诺夫对奇客巴士这个创业项目赞不绝口："它实现了智能产品与新商业的结合、线上和线下互动的结合，是智能产品体验经济的全新体现，天使轮获得了著名投资人徐小平的投资。由于杭州店的成功运营，奇客巴士下一步计划在深圳、上海等城市开店。"

可以说，奇客巴士的成功孵化，得益于李诺夫的全程参与，包括项目的策划和初期运营，为创业团队聚集人才资源，输出商业智慧。这样的案例在华强北国际创客中心的孵化项目里并不少见。

2016 年的一天，胡先生辗转找到李诺夫。他带来一个能迅速加热的智能模块，但不知道该如何获得融资和进行产业化。这个小东西在李诺夫眼里简直就是未经雕琢的璞玉，非常有推广价值。"几秒钟之内可以把水加热到指定的温度，这对于茶具业来说是颠覆性的创新产品啊！比如，冲一壶上好的龙井茶，只需要 90 摄氏度的水温，而这个加热模块能在几秒内实现，这岂不是太符合消费者个性化的需求？"李诺夫心里盘算着，并很快确定了加热智能模块的销售对象，即生产茶具的厂家。于是，他让胡先生回去后按照指定的尺寸做出一套能够快速加热的茶具套装，然后再去给茶具厂商展示推销。按照这个思路，如今胡先生的加热模块每月出货约 2 万片，未来还可以在酒店、学校等场所获得更多商用机会，企业的前景不可限量。

给拥有独特新技术的人对接产业资源、进行产品定义，这就是李诺夫的团队所做的事情，而这些周到的服务工作恰恰为好项目插上了腾飞的翅膀，抓住拓展市场的良机。作为创客平台，华强北国际创客中心通过成功孵化该项目，提升了知名度，而越来越多好项目慕名来求"点石成金"之术，李诺夫就有了更多选择的机会。这是双赢局面。

供应链资源是最独特的优势

华强北国际创客中心是华强集团倾力打造的一站式服务创业者的综合创新创业生态平台。李诺夫介绍："目前空间的盈利模式主要是租金、增值服务，以及投资项目增值。创客中心

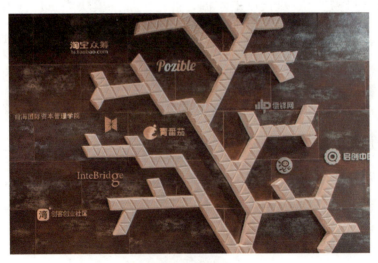

华强北国际创客中心 Logo 墙

入股的项目是免费入驻的，看好的种子项目有免费期。"

可以说，华强北国际创客中心是一个资源整合和连接的平台：拥有国内最大规模的电子信息产品实体市场华强电子市场，拥有 280 万名在线电子发烧友——这是国内排名第一的电子工程师论坛；拥有强大的供应链和生产资源、完善的办公环境、快捷的行政服务、优秀的营销公关服务团队、强大的渠道资源，可以第一时间解决创业者遇到的问题；与业内众多著名设计公司深度合作，拥有 1000 多名各类设计师，形成人才库；拥有 45000 家注册商户的供应链和渠道资源，以及电商分销渠道；和京东众筹、淘宝众筹、点名时间等众筹平台保持深度合作，为创客提供多种众筹渠道；与美国大型渠道商 Tofasco 达成密切合作，能提供海外众筹平台、电商、分销商、大型商超、电视购物等销售渠道。

华强北国际创客中心已经与腾讯达成战略合作，并发布了"腾讯华强双百亿创客"计划。进驻华强北国际创客中心的项目可提交商业计划书，由腾讯和华强集团共同筛选评估，合适的项目将同时得到双方的资源支持，包括腾讯开放平台、应用宝、腾讯云、广点通、QQ 物联等强大的流量资源接口，和华

华强北国际创客中心开放办公区

强集团强大的供应链、生产和销售渠道。

此外，华强北国际创客中心还与腾讯创业基地、福田投资、前海国际资本管理学院、Pozible① 、青番茄、深圳湾、IC 咖啡等共同组成深圳创客联盟，形成创业生态圈的智囊团，紧密联系和整合创客圈各方面资源。

杨运涛是一位典型的草根创业者，他与朋友胡斌合伙创办的深圳市乐翼智能技术有限公司（简称"乐翼智能"）入驻华强北国际创客中心以来，不仅通过全球最大的众筹平台

① 目前澳大利亚最大的众筹网站。

Kickstarter 众筹了 20 万美元，而且在 2015 年第三季度就实现 4 万支红外体温计的销售，客户是新加坡航空等大客户。杨运涛说，自己是草根创业，特别需要好平台的帮助，"华强北国际创客中心不仅对硬件选型和生产提供了帮助，还用公关资源帮助企业在众筹平台上引流，获得更多关注和资金。最重要的是华强集团在销售渠道上有多年积累，用这些渠道资源帮助我们迅速扩展市场，还用媒体资源帮助小企业做宣传推广，吸引更多的客户和投资者。中央电视台《经济半小时》栏目曾对这款全球最小的非接触式红外体温计报道了 11 分钟，《深圳特区报》《深圳商报》《经济日报》都进行报道，我们不用花一分钱，这样的媒体宣传服务真正是我们在起步之初的迫切之需！现在我们不仅获得沃尔玛、香港 CSL 移动电讯、百老汇等大客户的关注和订单，而且还有多家投资商在跟我们洽谈合作"。

李诺夫说，未来华强北国际创客中心会向垂直的创业与跨境商业结合方面发展，计划在全国布局多个有内容的创客与跨境电商结合的产业园区，以产业园区为载体，发展创客与跨境电商的融合。

谈起发展计划，李诺夫说："华强跨境生态城，是创客空间与跨境电商结合的全新模式。创客解决产品同质化问题，跨境电商解决产品出口问题。二者相辅相成，共同打造创意产品与跨境电商全产业链孵化生态。"

【创业心路】

我的创业经历

李诺夫

我的人生三起三落，就像坐过山车。按照时髦的话讲，这是一个典型的逆袭故事。我 19 岁时以优异的成绩考上北京航空航天大学，入学一年就辍学，开始创业。当年辍学是被逼无奈的选择，因为父亲生意破产，家境一落千丈。我见识到树倒猢狲散的凉薄与无情，也意识到自己要承担起养家重任。为了供三个妹妹读书，我决定辍学赚钱。

2000 年，我开始创业。牛奶代理商、电脑绣花、开宾馆和物流公司，我都做过。短短四年，我换了四个行当，也赚到人生的第一桶金。

一直以来，我创业有一个大前提，就是必须得保证家人的生活。我不敢太冒险，每次创业遇到资金问题，找别人借钱没人会搭理我。最后就是换一个行当重新再来。

2005 年，我开始在液晶屏这个领域扎下根来。慢慢地，

有了自己的公司，叫联合一站（联合起来一站式服务），主要
经营一些软件硬件结合的产品，比如平板电脑。2012 年，我
的公司被华强集团收购了。我以合伙人的身份加入了华强云投
资控股有限公司。2015 年，我开始担任华强北国际创客中心
总经理。

【人物档案】 📍 李诺夫

　　李诺夫，华强北国际创客中心总经理。曾创办深圳恒晖行光电科技有限公司、深圳协成光显科技有限公司、深圳联合一站信息技术有限公司。曾任华强联合（深圳）科技有限公司总经理，华强云投资控股有限公司董事、副总经理。

第五节　星河·领创天下：做创客的事业合伙人[①]

深圳作为"双创"的高地之一，近几年来，诞生了一系列特色鲜明、服务能力强、平台资源丰富的众创空间。其中，由深圳市星河集团依托星河 WORLD 项目高科创新园的星河·领创天下众创空间（简称"星河·领创天下"），自 2015 年上半年成立以来，积极探索服务换股权的商业模式，取得了令人瞩目的成绩。

"地产运营 + 金融投资"的复合优势

作为星河·领创天下总经理，阎镜予说，开办星河·领创天下之前，运营团队专门做过详细调研，重点要回答的一个问题就是：众创空间的运营主体应当具备什么样的能力？

星河·领创天下具备深厚的地产支撑和金融风投支持。星

---

① 星河·领创天下接受采访的时间为 2017 年 1 月。

河集团作为深圳市创新投资集团的第二大股东，在产业孵化和风险投资方面，具备一般以物业运营为主的众创空间运营主体所不具备的先天优势和丰富资源；同时，星河集团拥有优秀的物业运营经验和资金保障实力，具备一般媒体、风投机构等众创空间运营主体所不具备的管理经验和风险承受能力，并具有足够的耐性真正做到以股权投资和产业扶持为核心收益来源。阎镜予说："星河·领创天下的运营主体具备'地产运营＋金融投资'的复合优势。"

阎镜予还实地考察了几类众创空间，分析各类众创空间的盈利点在哪里。他说，目前来看，众创空间的盈利点主要分三类：一是以联合办公为代表的租金和物业收益；二是提供融资、推广、培训等服务，收取服务费；三是通过一定合作条件获取入孵团队股权，并配置投资基金，以未来股权增值作为投资收益。

"这三类盈利模式均具有一定的市场认可度。但作为真正为初创企业服务的众创空间，应当从被服务者的特点出发，进而考虑合适的盈利模式。"阎镜予说，初创企业在早期无一例外地面临资金短缺的问题，而最"丰富"的资源却是股权；当初创企业成长到一定阶段，并完成孵化后，其资金通过融资得以逐渐丰厚，但与此同时，其股权由于不断释放而逐渐被稀释。因此，初创企业在孵化阶段的本质变化就是"资金从少到多、股权从多到少"的过程。

针对这一普遍性现象，星河·领创天下特别提出了"服务换股权"的盈利模式，即在孵化初期，通过免场地租金、免费提供各类服务等方式，缓解初创企业的资金压力，取得初创企业当时"最不值钱"的股权；再通过一系列的孵化服务，待企业有能力对外融资时，通过股权退出的方式，换取高额的收益。

"服务换股权"的盈利模式，其核心是真正将众创空间的利益和初创企业的利益捆绑在一起，初期创业者投入精力和智慧，星河·领创天下提供平台和服务，在此过程中，只有真正将初创企业做大做强，其服务换取来的股权才能最终实现经济获益。基于此，阎镜予大胆指出："不以股权收益为盈利模式的众创空间，就不是创业者好的事业合伙人。"

运营的重点是优质服务

"80后"创客王森2016年6月把巴古科技从南山区搬入星河·领创天下，他觉得自己能入驻这个孵化器非常幸运，为此他出让了企业 5% 的股份，换来免费的豪华办公场地，而且得到一些免费的参展机会，大大降低了创业成本和创业风险。比如，在 2016 年 10 月举行的深圳"双创周"中，巴古科技展出的智能技术解决方案引起前来参观的玩具厂商和枕头厂商的兴趣，他们纷纷上门寻求合作，很快达成合作意向。随后，巴古科技又承接了上海的智能健身房项目，利用智能家居技术实现对健身房的无人管理。王森说："我们只有过硬的技术，没有很强的融资能力，客户首先得相信我们企业有实力，然后才会相信我们的技术，接下来我们才有生意做。星河作为我们的股东之一，正好给企业实力进行背书，对我们吸引客户大有帮助。"

像巴古科技这样对星河·领创天下的服务赞不绝口的不在少数。阎镜予说，做好创业服务，归根到底要分析、研究初创企业在创业过程中需要哪些资源，并有针对性地切实为初创企业提供这些资源，这就要求众创空间必须熟悉创业的产业链条。

星河·领创天下的创业产业链主要包括技术创新、产业化、资本运营、生活服务四大环节。

在技术创新环节，星河·领创天下与香港中文大学（深圳）

共同设立"星河 WORLD 香港中文大学（深圳）创新创业基地"，利用香港中文大学的技术力量为入驻星河·领创天下的创业者提供科技研发的技术支持；与欧美同学会合作，共同设立"海归创业学院（深港）"，充分发挥欧美同学会广泛联系海外人才的优势，同时整合深圳和香港两地的各类资源，挖掘、储备优秀创新创业项目和人才，解决留学人员归国创业面临的共性问题，激发他们的创造活力，培养具有创新创业思维的高层次人才；邀请全国知名的技术"大咖"担任创业导师，例如中国工程院院士、香港中文大学（深圳）校长徐扬生，中国工程院院士、北京大学教授高文，中国工程院院士费爱国，香港中文大学（深圳）协理副校长李学金等。

在产品化环节，在工业产品领域，星河·领创天下与全国规模最大的业内专业机构、国内首个加入 ICSID（国际工业设计联合会）的行业组织——深圳市工业设计协会共同设立"创客世界"，充分利用协会资源，为入孵企业提供从原理样机到工业产品的加速服务；在服装电商专项领域，与韩都衣舍共同设立"智汇蓝海孵化平台"，旨在通过韩都衣舍集团在电商方面的专业运营经验和资源，为入驻的团队提供电商品牌顾问、电商战略合作、电商培训，并提供行业发展交流机会，制定与团队自身发展相适应的互联网孵化机制；在产品化和商业模式设计领域，邀请众多业内知名人士担任创业导师，如美国内华达大学 LEE 商学院终身教授邓宏辉、创业沙拉联合创始人吕山。

在资本运营环节，星河·领创天下引入深圳市创新投资集团有限公司天使投资中心、项目路演中心、博士后工作站，帮助创业公司直接对接金融投资平台；与美国斯坦福大学路演俱乐部（Cardinal Pitch Club）达成一致，建立了跨国路演实时视频系统，实现中美之间的项目路演和风险投资双向互动。

在生活服务环节，星河·领创天下位于投资 150 亿元进行开发、总建筑面积达 160 万平方米的星河 WORLD 高科创新园内，为创业者工作、生活提供优质的配套设施。此外，星河集团还联手红提子软件服务有限公司共同建立红提创业服务有限公司，提供创业公寓、创业会所等围绕创业群体工作、生活需求的全体系空间产品。

可以说，星河·领创天下秉承开放做服务、让专业的人做专业的事的理念，搭建了全方位创业服务平台，引入了优质资源及平台，建立了跨界创新联盟，促进创新成果转化为现实生产力。

众创空间干好运营的诀窍

那么，众创空间该如何干好运营呢？

在阎镜予眼里，众创空间的运营主要包括项目引进、项目选择、项目服务、项目退出等四个层面，这四个层面必须环环相扣，有机组合，形成良性循环。

项目引进，好比发现好种子，这不仅需要广开渠道，还需要有过人的眼光。阎镜予介绍，星河·领创天下在项目引进上广开渠道，建立若干合作实体，通过合作实体的资源，广泛吸纳高水平创业项目，尤其重视国际化项目，主要依托欧美同学会、斯坦福大学路演俱乐部、韩国贸易馆、香港教育局等境外机构，对接国际优质项目。

对于项目选择，阎镜予坚持"看不懂不要，帮不到忙不要，人品不好不要"三项基本原则，并总结出"资源决定起点，技术决定模式，视野决定规模，细节决定成败，勇气决定速度，执行决定生死"的六点法则，很多项目谈了半小时他心里就有了基本判断，但最终是要经过投委会决定是否投资持股。在项目领域的选择上，主要集中在智能硬件（含机器人、可穿戴）、O2O（主要是线下资源转线上平台，含金融创新）、文化创意（含文化、科技、动漫、手游等）三大方向，并组建了以创业导师为核心的项目评审团队。

星河 WORLD、星河·领创天下承办的海归创业学院（深港）创业加速营第 1 期毕业路演

在项目服务上，星河·领创天下致力于为入驻企业提供全方位服务，包括产业服务（商业模式、导师配置、产业资源对接等）、融资服务（直投、对接风投机构等）、政策服务（申请

创业补贴、人才引进资助等）、专业服务（法务、财务、人力资源等）、后勤服务（宿舍、水电、物流、清洁等）、社区服务（活动、论坛、分享会等）等六大服务，并建立了创业生态圈和相关服务实体。

在项目退出上，阎镜予认为："投资的难点和痛点就是如何退出，必须在投资前就要想清楚退出的渠道。"星河·领创天下的退出机制包括两类：一是毕业退出，即项目完成 B 轮融资，具备独立租赁办公场地、扩大经营发展条件时，成功毕业。对此类退出，星河·领创天下仍然为其继续提供各类孵化服务，并锁定未来项目的优先投资权。二是考核不合格退出，即项目入驻时，团队要签订入驻协议，其中明确三年内按季度的考核发展目标，若考核不通过，则有权要求其退出。但一般情况下，会分析其考核不合格的原因，原则上会给予团队一定的宽限期。

阎镜予信心十足地说："我们要成为创客的事业合伙人，这样提供的服务才更加贴心，才能真正实现双赢。"

【创业心路】

运营众创空间需要整合各种资源

阎镜予

　　我开始做众创空间的时候，已经积累了五年多各个行业的工作经验——当过大学里的副研究员和政府部门的公务员，熟悉政策环境；担任过大型企业的常务副总，有企业经营经验。因为要为创客提供优质的服务，需要有充足的工作经验，具备整合各种资源的能力。

　　我认为，不是每个房地产开发商都能做创客空间，因为如果没有项目投资管理的经验，就很难经营好创客空间，而如果投资没有很好的退出渠道，那么也无法实现服务换股权的商业模式。

　　星河集团拥有专业的投资团队、丰富而多层次的金融资源、良好的企业商誉，这对于创客项目来说是非常有吸引力的，我们能帮助创客缩短创业的周期，加速他们的成果从创意走向商品，走向广大的市场，真正实现双赢。

【人物档案】　📍　阎镜予

　　阎镜予，博士，星河产业集团副总裁、星河·领创天下总经理。曾担任香港中文大学副研究员。曾任职于深圳市发展和改革委员会发展规划处、智慧城市系统服务（中国）有限公司。

第六节　深创谷：做硬件创业者的强力助推器

深圳市深创谷产业化综合服务平台（简称"深创谷"）融孵化器、加速器、设计公司、投资公司等各类特质于一身，由上市企业——深圳市卓翼科技股份有限公司(简称"卓翼科技")主导发起，2015 年 3 月在美国硅谷成立。

深创谷联合创始人徐家斌说，深创谷主要面向欧美高科技创业团队及国内外知名高校研究成果的产业化落地，可提供全链条的硬件创业扶持，大大缩短硬件创业公司的产品上市周期，简单地说，就是做硬件创业者的强力助推器。

产品交付才是王道

徐家斌说，深创谷最早是在美国硅谷成立的，当时的设想是如果能帮助国外的项目在中国找到靠谱的产业落地合作伙伴，甚至帮助其打入中国市场，无疑能大大提高创业项目的成功率，于是就将深创谷定位为"为中美两国的硬件创业团队提供从原型机到规模化生产过程中的垂直深度技术服务"。

卓翼科技董事长夏传武是深创谷的主发起人，他坦言："早期的创新硬件创业团队，特别是软件和互联网背景的团队，对产品的把控能力有限，缺乏对从研发、测试、试产到量产整个过程的了解。由于供应链资源整合难度大，加上硬件研发测试设备成本高昂，许多创业项目存在设计缺陷，在生产、交付及质量保证上留下很多隐患。即使做出样机，离批量出货还有很远的距离。而这恰恰是深创谷创始人团队的优势所在，因为我们曾经创办了卓翼科技，拥有十余年的电子制造经验。如今，我们共同创建深创谷，为硬件创业者提供从原型机到规模化生产过程中的垂直深度技术服务，帮助硬件创业与产业资源实现对接。"

2015 年年初，夏传武总结出一句"金句"："创业是一件很严肃的事情，对于智能硬件创业来说，产品交付才是王道。我们希望深创谷能切实帮助创业者实现交付。"

基于这样的理念，深创谷在基础设施、资源配置、人才配备上，都围绕"产品交付"来建设——这里有元器件材料库、机加工设备、电子硬件研发设备、测试实验室，当然还少不了经验丰富的 DFM（design for manufacture，面向制造的设计）

工程师。这一切，硬件创业团队都可以根据自己的需求在深创谷选择获取。

自创办以来，深创谷已经帮助了许多国际创业团队。例如，来自美国的威尔·哈伯德遇到了一个难题——他的创业团队正在开发一款监测有害气体的产品，却总是无法解决运行中风扇噪声过大的问题。哈伯德说："我们用了半年多的时间，试遍了韩国、日本等地的 20 多款风扇，其中不乏价格昂贵的静音风扇，但问题却一直无法解决。"

哈伯德尝试着把他的产品带到深创谷。深创谷的结构工程师发现，噪声过大的原因不在风扇，而是结构设计存在缺陷，"风道设计不合理，导致噪声过大"。在深创谷重新设计后，哈

机加工区域

伯德不仅使用一款价格适中的普通风扇就解决了噪声问题，而且产品采用新的结构和电子设计后，检测的精度大大提高。

每天，深创谷的工程师们都在帮助像哈伯德这样的创业团队解决各种各样的技术难题，包括从产品设计、研发、试产到量产。徐家斌自豪地说："凡是我们提供技术服务的项目，必须保证 100% 的交付率，将创业者的想象力与经验丰富的制造者手中的资源实现无缝对接，让好的创意变成一件完美的产品，并实现批量生产。这是深创谷独特的优势所在。"

打通"最后一公里"

高校、科研院所拥有大量的专利成果，但在从成果变成产品这"最后一公里"很难跨越。深创谷的目标是要实现产品交付，用专业能力助推这些藏在"深闺"的科技成果转化为成熟的产品，让更多优秀的科研成果造福人类。为了实现这个目标，深创谷配备专职硬件、软件、结构、测试、安规等重点环节的资深工程师，补齐创业团队的研发能力短板，同时提供开源的关键硬件模组和技术，缩短产品上市周期。目前，深创谷锁定北京大学、清华大学、哈尔滨工业大学，以及美国斯坦福大学等国内外一流高校，寻找教授、博士生团队手上的优质项目，让创新创业不再停留在实验室，助力硬件创业团队实现真正的产业化、商业化运营。

2016 年年初，北京大学深圳研究生院王新安教授带着团队正在从事的一项重要科研项目——多分量地震监测系统，来到深创谷寻求合作。该项目是利用压电次声波传感器和感应式地磁传感器布置密集监测网。王新安教授做了好几年核心算法，但在硬件的稳定性和可靠性上希望能有专业团队帮助解决技术难题。深创谷负责产品化实现，其中包括硬件产品设计、结构设计、电子测试、可靠性测试、产品生产制造。双方组建了一个包括研发、测试以及制造的完整项目组，在 2016 年年底已与中国国家地震局合作，在四川、云南等地做小规模应用测试。

王新安教授说："深创谷帮助项目解决了两个关键难点：第一个是解决了研发设备的可靠性、稳定性、一致性的问题，如果这些问题不能很好地解决，地震监测系统的科学实验就会纠缠于错乱的数据之中，无法重复；第二个是从高成本、低品质样品到可测试、低成本、高品质产品的批量制造问题。"

深创谷从创立以来，已有 30 多个国际硬件创业团队入孵。

深创谷投入巨资搭建的研发、测试及试产环境，帮助创业者足不出户就可以完成从产品设计到样机生产的每一道工序，还能在这里进行各项技术测试，免去一趟趟跑工厂的麻烦。

2016 年 11 月，加拿大一家致力于做无人机行业应用的创业公司找到深创谷，希望得到技术服务。这家公司针对加拿大电力公司的电线巡检业务设计出"无人机智能充电和加热平台"，已经花费了大量资金做硬件开发，但在硬件的机械传动、可靠性等细节上处理不好。在深创谷，经验丰富的技术团队立即和这家公司一起做研发及测试验证，及时对产品进行调整，真正做到"立刻"行动，不需要"等到某一天"。

深创谷 CTO[①] 安岩介绍："开始合作后，创业团队转而主要负责核心技术和算法，深创谷团队负责工程工艺、可制造性优化及设计成本优化。经过一个多月夜以继日的攻关，终于做出了样机。加拿大创业公司负责人看到样机的时候非常惊讶，夸奖说：你们一个半月做出来的样机，比我们过去一年半所做的样机要完美得多！"

———————
① 首席技术官。

实验室

试验室和小批量试产线

被深创谷吸引的还有来自硅谷的一个研发智能烤具的团队。入孵仅半年左右，该团队就实现了产品设计定型。该团队负责人感慨道："硬件创业就是和时间赛跑，是深创谷让我们少走了不少弯路。"

建立新型商业运营模式

创投行业有个比较有趣的现象，越优秀的团队，投资人越会争抢投资额度，但创业公司对投资方的选择反而越苛刻，一般会优先选择有资源、能在后续的发展中起到助推作用的投资人。在这方面，深创谷的产业落地优势会起到很大的作用，例如美国一家知名机器视觉公司因为看重深创谷在硬件研发及行业应用方面的优势，回绝了数家创投公司的投资，选择接受深创谷的天使投资，目前正在深创谷协助下搭建产品硬件平台。

徐家斌介绍，对于入驻的创业项目，深创谷有两种合作方式：一是收取服务费，二是服务费换股。由于硬件项目创业周期长，深创谷通过半年左右的技术服务可以近距离考察团队，这为后续的跟投提供扎实的判断依据。对于技术过硬的优秀创业团队，深创谷会后续跟投，助推其成长。

　　李彤彤是深创谷的另一位联合创始人，从 2010 年开始做天使投资。在硅谷接触项目时，他发现美国的创业公司在软件方面很厉害，但制造转换能力薄弱。他说："和挑战各种技术极限与可能的硅谷相比，深圳更加贴近产品和产业落地，务实的制造特质使这里更加具备帮助一个想法变成真正拿到用户手中产品的能力。深创谷的目标就是做专业的硬件创业加速器。"

　　在投资方面，卓翼科技计划分批以自有资金、核心团队参股及外部创业投资参与的方式，至 2019 年将累计投资 2 亿元，把深创谷打造成全球领先的硬件创新支持平台，建立"产业链＋双创＋高校＋资本"的新型商业运营模式，探索将深圳的产业资源与国际创新创业有机结合、相互促进的新路。

　　深创谷未来要做的各项工作，都围绕"双创"的产业落地，为硬件创业者提供从研发、打样、测试到小批量试制的全方位产业链配套资源；基于硬件创业者的共性需求，批量采购研发、打样、测试、试制设备，供创业团队共用，提高创业团队研发效率，降低创业门槛。另外，深创谷除在硅谷、波士顿成立公司或联络处外，还将在以色列、北欧等全球主要创新发源地建立联络处，挖掘优质项目。

【人物档案】 📍 夏传武

夏传武，深圳市卓翼科技股份有限公司董事长，深创谷联合发起股东。曾创立福瑞康电子。

【人物档案】　◉　李彤彤

　　李彤彤，深创谷联合创始人、董事长，负责投资战略、项目投资决策等。曾任神州数码副总裁。

【人物档案】 📍 徐家斌

　　徐家斌，深创谷联合创始人、CEO，负责深创谷平台运营、项目投资决策等。

【人物档案】 📍 安岩

安岩，深创谷联合创始人、CTO。曾任联想成都研究院院长、联想消费笔记本事业部研发总监。

第七节　D+M 浪尖智造工场：
以工业设计全产业链为核心

在市场全球化、竞争国际化背景下，日趋激烈的竞争使得工业设计作为一种突出的手段和产品策略，日益受到企业和各类创新主体的重视。

2015 年 6 月，浪尖设计集团有限公司（简称"浪尖集团"）在全产业链设计创新服务平台基础上打造了面向创新创业的 D+M 浪尖智造工场。

浪尖集团董事长兼总裁、D+M 浪尖智造工场创始人罗成说："作为浪尖集团旗下的半开放式众创及产业化服务平台，D+M 浪尖智造工场打造了'众创空间＋、全产业链设计整合＋、联合创新研究院＋、互联网＋、金融服务＋、培训教育＋'六大服务资源板块；在'无边界'合作理念指引下，积极促进人才、技术、资本等各类创新要素的高效配置和有效集成，推进产业链、创新链深度融合，加快科技成果向现实生产力转化。"

做设计，本质上就是做服务

罗成既是工业设计师，又是设计管理者，同时还是设计推广人和设计开拓者，更是设计师中脚踏实地的实业家。1999年，罗成与陈汉良共同创立浪尖设计，打造创新产品设计开发及产业链整体解决服务平台，从市场空白中一路激流勇进。目前，浪尖集团拥有52家全资/控股公司和分支机构，成为国内最具规模的工业设计机构之一，是中国工业设计行业的旗舰企业。

在浪尖设计已经站在国内工业设计的"潮头浪尖"时，罗成依然有着强烈的责任感和危机感。他说："企业越大，背负的行业责任和社会责任越大，我身在其中诚惶诚恐，如履薄冰，必须每天保持高昂的精神状态。"

罗成认为，设计是需要有能量的，只有把体量做大，把质量做好，把运营效率做高，它才能产生能量，才能带动产业发展。在他看来，单一的工业设计公司主体已不能满足"全产业链设计创新服务"模式的运作需求。为了完善各环节系统的联动性，浪尖集团凭借在设计产业链上的雄厚实力及丰富资源，成功构建以设计集群为核心，包含供应链平台、高端制造平台、文化平台、研发平台、品牌策略平台、知识产权平台、教育及交流平台、创新服务平台、众创平台在内的"D+"全产业链设计创新服务平台。这种平台式的服务模块，既独立又统一，可以根据不同的行业和项目类型，进行资源整合与分配调度。

从事过多年工业设计的罗成知道，由制造过渡到创造的过程中，产业升级转型是必由之路。"做设计，本质上就是做服务，D+M 浪尖智造工场就是定位为以工业设计全产业链为核心的众创及产业化服务平台，这非常有意义。"

罗成解释，"D+M"中的 D 代表"design"（设计），M 代表"maker"（创客）和"manufacture"（制造）等。D+M 浪尖智造工场以"配套支持全程化、创新服务个性化、创业辅导专业化"为服务原则，面向包括创客、创业团队的全社会创新群体，为电子信息、生物技术、现代农业、高端装备制造、新能源、新材料、节能环保、医药卫生、文化创意和现代服务业提供设计创新及服务支持。

重庆服务平台的成长

D+M 浪尖智造工场首个服务平台位于重庆沙坪坝区，于 2015 年 12 月 26 日正式运营。这里汇集了一批精尖工业设计师、研发工程师、结构工程师、视觉设计师、模型师、品牌策划推广人等跨领域的高级专业人才，以及一批高水平科研人员，有来自西南大学心理学专业的硕士研究生、重庆大学机械工程专业的硕士及博士研究生，以及从美国俄勒冈大学机械工程专业留学归来的科研人员。该平台设立六大服务支持事业部，即D+M 众创空间事业部、联合研究院事业部、全产业链设计创新事业部、网络科技事业部、众创培训中心、资源整合及金融服务事业部，分别运营六大板块内容。

2017 年年初，重庆大学博士生唐帮备科研团队的优迪然思创客工坊为了测试消防队员在各种气味下工作的情绪、反应，完成一个研发新型消防产品的订单，通过重庆大学联系到D+M 浪尖智造工场。在开发过程中，D+M 浪尖智造工场为唐帮备科研团队提供了急需的原型搭建工具，帮助他们进行相关研发和实验。很快，第一台嗅觉测试仪就有了雏形并具备相应的测试功能。后来，该项目在沙坪坝区第一届高校院所创新大赛中取得第一名的优异成绩，并获得创投公司青睐。

2017 年 1 月，一个新能源项目在 D+M 浪尖智造工场落户，创客程家猛是该项目的负责人。在入驻 D+M 浪尖智造工场之前，程家猛只有技术和知识产权，缺少场地、资金、设计、市场等资源。签约入驻 D+M 浪尖智造工场后，程家猛注册了重庆普耐维科技有限公司，依托 D+M 浪尖智造工场的创新创业资源，成功解决产品包装升级、原型机制作等初创难题。

此外，D+M 浪尖智造工场积极发挥"空间 +"的整合优势，与重庆市经信委汽车处、重庆大学汽车协同创新中心共同打造"重庆汽摩工业信息平台"；与重庆大学汽车工程学院共同搭建"汽车行业众创空间云服务平台"；与重庆大学一起举办"D+M 高校智造节"。

2016 年 5 月 21 日，重庆沙坪坝区科技活动周分会场活动在 D+M 大厦举行

D+M 浪尖智造工场重庆服务平台通过在服务模式、运作管理机制、市场开拓等方面的一系列实践，对重庆沙坪坝区及重庆周边的创新创业体系建设提供宝贵经验，并探索出一条以市场为导向、以机制为保证、以众创资源共享为特点的公共服务平台的建设经验，在重庆市乃至西南地区起到示范作用。

培养大学生创新创业群体

D+M 浪尖智造工场在自身企业得到大力发展的同时，还组织了"创客汇""创业训练营"等创业培训活动，覆盖重庆沙坪坝区 8 所高校，2017 年累计举办活动 20 场以上，邀请创业导师 30 名以上，培训创客 200 名以上，产生创新项目 10 项以上。这些培训活动让创客切身体验从创业构想到成功创业的全部过程，了解并熟悉创业的各个环节，从而逐渐掌握创业技巧、丰富创业经验、提高创业能力。在这种交流和学习的氛围中，越来越多的科技人员投身到科技型创新创业中，学生参与创新创业的积极性也越来越高。

此外，D+M 浪尖智造工场与清华大学、重庆大学、四川美术学院、武汉大学等高校达成良好的人才培养合作方式，成立大学生实习实践基地，带动和引领大学生创客走创新发展之路。

罗成说，不论是浪尖集团本部与深圳大学合作培养创新人才，还是在重庆大学举办"D+M 高校智造节"、与重庆大学汽车工程学院共同搭建"汽车行业众创空间云服务平台"，都是面向大学生群体的创新土壤的培育，目前初见成效。

以重庆大学"D+M 高校智造节"为例，其中"尖兵团快爆 48 小时""大学生创新创业论坛""尖兵团孵化营"等系列活动获得重庆多所高校热烈响应。这些活动邀请一线创业团队

高校学生参加 D+M 浪尖智造工场培训活动

与大学生面对面接触，将创新思维带入高校，直接影响未来创新群体。"尖兵团快爆 48 小时"2016 年在全国成功举办 8 期活动，覆盖 45 所高校，聚集了 500 余名"尖兵"，提供了 60 多个创新项目，辅导孵化学生创新项目 8 个，其中 2 个入围 2016 年中美青年创客大赛决赛。

设计因服务于当时的产业与社会而具有鲜明的时代特征，创客时代的产品设计需要"平台"的服务。未来，D+M 浪尖智造工场将通过整合创新技术研究、创新服务、创新创业培训、孵化器和产业链相关资源，培养创客，孵化创客，实现创客价值最大化。

【创业心路】

学会思考，善于思考

罗成

必须用开拓者的心态来省视我们现在做的事。我很害怕自己懒惰下来，怠慢了这个时代。外面发展太快，我们必须思考。善于思考是一种习惯。这个习惯很重要。

机会是我们主动去创造的，事情是否能做成跟我们的格局有关系，跟看问题的方法和角度有关系，也跟我们的执行力有关系。公司打造的是一个大平台，我们个人打造的是一个小平台，这是相通的。这种推动力、策略能力、思考力非常重要，既体现在我们做一个小设计上面，也体现在日常的方方面面。

作为设计公司，在当下环境中，必须快速发展，不进则退。我们知道随时会面临万丈深渊，即便如此，我们还是谋求更快发展。有很多员工一毕业就到浪尖，他们在这里成长，在这里成家立业，我是要为他们负责的。不能让我成为他们的天花板，要在视野、策略、经营上不断拔高。这几乎是我天天思考的事情。

【人物档案】 📍 罗成

　　罗成，浪尖设计集团有限公司董事长兼总裁，国家首批高级工业设计师，高级工艺美术师。曾获第一届光华龙腾奖"中国设计业十大杰出青年"、广东十大青年设计师等称号和深圳市文化产业英才奖等荣誉。担任德国 iF 设计奖、中国设计业十大杰出青年等评选活动的评委。

第八节 伞友咖啡：打造生命健康产业众创空间

俗话说："不忘初心，方得始终。"伞友咖啡的创始人闫杰就是这样的人。

三十多年前，大学毕业后，闫杰曾在农业银行从事世界银行项目贷款管理工作，接触到项目服务的现代金融理念，于是就想建立科技专家服务网，与银行信贷资源相结合，为科技创业者提供"一揽子服务"。闫杰的这个"初心"一直到 2013 年"方得始终"。于是，深圳有了首家聚焦生命健康产业、为创业者提供"一揽子服务"的创业服务平台——伞友咖啡创业服务平台（简称"伞友咖啡"）。

从银行到天使投资

"1985 年，我从湖南财经学院金融系毕业，被分配到河南省农业银行负责世界银行项目的贷款管理工作。我参加了世界银行经济发展学院主办的项目管理培训，接受了这样一种观念：

仅仅有钱，并不能保证创业成功，投资机构还必须提供管理顾问和引导服务。钱就像伞杆，知识和人脉就像伞顶，二者有机结合起来，才能为创业者挡风遮雨。'Umbrella 服务'，当时中文翻译成'一揽子服务'，其实就是伞螺旋服务。"闫杰回忆，那个时候，他就将世界银行的"Umbrella 服务"理念应用于农业银行的信贷项目风险管理，成立顾问团，探索科技与金融的结合之道。

1990 年，闫杰从农业银行调到深圳招商银行工作，担任行长秘书。此时招商银行处于创业阶段，闫杰思考和探索如何把伞螺旋服务应用在招商银行信贷项目的风险管理上。有一次，他把自己的想法告诉了当时的蛇口工业区一把手袁庚，得到袁庚的理解和支持。

2003 年，闫杰离开金融行业，在深圳南山区投资了一家从事抗艾滋病毒药物研发的企业——博爱生，由此涉足生命健康产业，并专注于初创企业的天使投资和服务。

其实，博爱生的创业过程非常艰难，因为深圳根本不具备生物医药研究的专业实验条件，例如做病毒活性实验需要 P3 实验室，可深圳并没有这样的实验平台。通过参与创业，闫杰

伞友咖啡办公环境

伞友咖啡每个星期六的创业沙龙活动

了解到虽然生命健康产业前景非常广阔，但创业过程会无比艰难，需要强有力的专业平台提供支撑。于是，他就想未来能够开一家创业咖啡馆，并以咖啡馆为活动平台，发起成立一个群策群力结网捕鱼模式的天使投资俱乐部，与那些有梦想并脚踏实地工作的创业者结伴同行。

伞友咖啡声名鹊起

闫杰说："伞友咖啡创业服务平台就像一把创业保护伞，由伞顶、伞杆和活动平台三部分构成：伞顶是创业导师网络；伞杆是天使投资基金；我们现在身处的伞友咖啡是活动平台。"

伞友咖啡创业服务平台聚焦生命健康产业，为初创企业提供"一个圈子，三种资本"服务。"一个圈子"指由多位创业导师组成的伞友智库服务小组，"三种资本"指现金、知识和人脉。

2014 年 8 月 15 日，闫杰在伞友咖啡创业服务平台成立大会上吐露多年的梦想："美国著名文化学者安纳利·萨克森宁在总结硅谷的成功经验及文化特色时特别强调，硅谷没有围墙，硅谷的咖啡馆把创业者、风险投资家、律师、会计师和竞争对手召集到一起，把创新的激情注入每一个人的细胞里。伞友咖啡，就想办成这样的创业服务平台。"

今天，伞友咖啡已经成为深圳生命健康领域非常有名的众创空间，是汇聚人脉、组织活动、传播新知、建立联结的理想平台。伞友咖啡营造了一个类似星巴克那样香味怡人的咖啡馆环境，通过定期举办"健康的邀请""融资午餐会""咖啡豆对话"等以创业服务为主题的活动，吸引有创业梦想的人来这里交流并促成合作，有针对性地为创业企业提供融资和解决问题方案，推动企业健康成长。

2017年4月15日，英国利兹大学博士后、谷歌研究奖获得者吴博来到伞友咖啡，发表题为《人工智能将给医疗健康带来的改变》的演讲。同年5月13日，深圳康艾健康科技有限公司创始人陈伟坚在伞友咖啡介绍区块链技术在医疗领域的运用场景。闫杰介绍，伞友咖啡自开业以来，在每个星期六下午都举办高质量的创业沙龙活动，吸引了来自深圳及周边地区的创业者、风险投资人和企业家。"健康的邀请"及"孔雀开讲"已经成为深圳最有吸引力的周末创业沙龙品牌活动。

"为了更有效地为初创企业提供优质服务，我们正在设计并构建一个基于 O2O 模式的创业导师服务网络,"闫杰信心十足地说,"生命健康产业是深圳明天的希望。在大众创业、万众创新的时代背景下,如何营造一个有利于生命健康产业创业的众创空间?深圳市伞螺旋创业服务有限公司在充分调研的基础上,针对深圳市生命健康产业发展之需提出'755 计划',从 2013 年开始,全力推动'755 计划'在深圳的落地、生根、开花、结果。"

"755 计划"与深圳市发展生命健康产业的战略指导方针遥相呼应,共同的目标是营造一个有利于生物技术和生命健康产业创业者生存和发展的环境。首家"755 计划"伞友孵化器聚焦精准医疗,由深圳市伞螺旋创业服务有限公司与深圳众循精准医学研究院合作发起,已于 2015 年 12 月 26 日成立。

一个创新创业项目的落地

专业的服务需要专业的团队。闫杰率领的这支团队有 5 名博士、7 名硕士,还有"伞友智库"优秀的专家顾问团队。这使闫杰对生命健康领域的好种子总是保持着敏锐的嗅觉。

2017 年 3 月底,伞友咖啡的工作人员看到一篇题为

《CHINA MED 2017，大森引领智能医疗新风向》的报道，马上意识到这个项目具有巨大潜力——一方面，大森智能是国内唯一拥有 WBC（白细胞）快速检验及其试剂技术的公司；另一方面，2016 年国务院发布的《"健康中国 2030"规划纲要》明确提出，到 2030 年，健康服务业总规模达到 16 万亿元。可以说，家庭及社区保健服务、健康管理、护理服务方面有非常大的市场空间。因此，该项目如果能落地，将大幅增强深圳在医疗器械，尤其是快检领域的竞争力。

"于是，伞友咖啡迅速联系上大森智能的 CEO[①] 行伟森先生，向他介绍了伞友咖啡的经营理念以及推动深圳生命健康产业发展的理想。行伟森先生十分赞同伞友咖啡的理念，并表示愿意与伞友咖啡进行深度的合作，共同推进项目的发展。随后，伞友咖啡将行伟森先生的团队引进自己的精准医疗孵化器。目前，伞友咖啡正在筹备大森智能与政府基础智慧医疗项目的合作。该项目的推动得到了深圳市罗湖区政府和罗湖医院的大力支持。"闫杰说。

---

① 首席执行官。

　　这样的故事不胜枚举。闫杰说："刚开始我们还统计一下在伞友咖啡创业服务平台上获得投资的项目数量，后来实在太多，就不统计了。目前，伞友咖啡平台正在准备设立一个专注于生命健康种子期项目的投资基金，希望借助资本的力量，为生命健康产业的创业者提供第一桶金服务。"

【创业心路】

让更多的创新种子在深圳生根发芽

闫杰

我喜欢用一棵树来描述伞友咖啡创业服务平台。因为我认为树象征着创业者要专注，要扎根。在生命健康领域的创业更是如此，必须深深地扎根，才可能开花、结果。

我自己见证过生命健康项目的创业过程，知道一个项目从创意到产生新药或者医疗器械，要走多么漫长而艰难的道路。要走完这个过程，创业者必须具备坚持不懈、顽强扎根的精神。

树也象征着我打造的伞螺旋创业服务体系。这是一个由活动、基金、空间、智库等各种要素构成的生态系统，就像温室大棚一样，总是适时给予那些新的种子滋养和呵护，降低风险，促进孵化项目健康发展。我希望通过伞友智库，与全球生命健康领域的顶级专家建立联系，把优质的种子项目吸引到深圳。

办中国最好的生命健康专业服务平台是我的梦想，我会一直坚持，当好育种人，让更多好种子变成能够开花、结果的好苗子。

【人物档案】 📍 闫杰

　　闫杰，深圳市伞螺旋创业服务有限公司创始人、总经理。曾任职于中国农业银行河南省分行、招商银行。2009 年创办深圳市伞螺旋创业服务有限公司，后陆续投建深圳伞友咖啡创业服务平台、深圳伞友临床报告厅有限公司等。

第九节　萤火工场：让创意设计亮起来[①]

萤火工场是中国电子信息产业集团有限公司（简称"中国电子"）中电港旗下的"双创"服务平台，也是中电港重点打造的六大业务板块之一，以资源库、知识库、导师库三大创新创效服务优势，通过线上线下资源组合，提供包含创意孵化、技术支持、工程服务、资源对接等在内的全程服务。

中国电子成立于 1989 年 5 月，是中央管理的国有重要骨干企业，也是中国最大的国有综合性 IT 企业集团。而中电港是中国电子全力打造的国家级元器件产业应用创新平台。可以说，不论是中国电子还是中电港，都是不折不扣的"大块头"，而通过萤火工场的"双创"服务，人们惊喜地发现，原来"大块头"也精于精细活儿。

---

① 萤火工场接受采访的时间为 2017 年 1 月。

发端：提供创意展示平台

2015 年以来，国务院总理李克强多次提出要把深化国有企业改革和推动大众创业、万众创新紧密结合。在此背景下，中央管理的国有重要骨干企业采取探索创业孵化、创投基金、研发资源共享、技术服务支撑、职工创意活动等多种形式，积极开展"双创"服务工作，构建创新创业平台。萤火工场就是这些创新创业平台中的一个。

萤火工场成立之初，场主熊宇红带领的这个团队只有四个人，由于力量有限，必须借用其他部门的资源。但是其他部门都有自己的任务指标，并不愿意把太多的精力用在萤火工场所服务的小微企业身上。

2016 年 3 月，因为看好萤火工场的发展前景，也为了扩大生意入口，中电港将平级的几个部门划归萤火工场。这样一来，萤火工场的"双创"服务平台属性就更明显了。

例如，对于小团队，甚至设计爱好者来说，很多时候他们手握好项目，但却非常缺钱，或者缺乏将创意方案设计实现、产业化和推广的各种资源。中电港总经理刘迅说："中电港萤火工场就是为解决这种矛盾而提供的平台：在创意初期，我们提供创意展示平台，让更多的人了解创业者的创意，参与创意实现，借助互联网的互帮互助模式，帮助完成创意。"

孵化：精细活儿里有大生意

创业者最初往往需要购买各类元器件，但是，由于建设种类齐全的元器件样片中心需要较大的资金投入，存在较大的库存压力，很少有公司开展这项业务。创客们一般从华强北的柜台或淘宝购买这类产品，难以把握产品品质和价格。而萤火工场样片中心拥有海量产品型号，恰好能解决创业者的这个痛点。

萤火工场合作拓展经理邓捷芳说："为了扶持小微创客发展，我们萤火工场建设样片中心，一方面是央企承担起支持'双创'的社会责任，另一方面是从长远考虑，把购买样片的人把握住，如果他们以后能成功量产，那么就会给公司带来可观的销售额。"在这方面，萤火工场已经有了不少成功的案例，其中就包括轻客智能单车项目。

2015 年年初，毕业于清华大学的四个小伙子因为自行车上坡需要花较大的力气，有时甚至要下来推车，于是产生做一种智慧型电单车的想法。这种电单车的"聪明"之处在于它的电动助力系统能感应到骑行过程中的费力程度，从而不断调整和助力。萤火工场为这个叫"轻客"的团队提供各种技术服务和支撑，帮助他们把创意变成产品。

2015年6月27日，轻客发布了第一代智慧电单车：一台重量为13公斤的自行车，能够通过一块1公斤的锂电池提供助力，在骑行过程中，用同样的力气可以达到普通自行车2—3倍的速度。2015年9月，轻客完成4000万元的A轮融资；2016年8月，完成1.5亿元的B轮融资，这是当时国内电单车领域金额最大的一笔融资。

对像轻客这样的案例，邓捷芳说："如果它们还是小小的创客项目，确实采购不了多少电子元器件。但当它们成长成行业小巨人的时候，对电子元器件的需求就呈几何倍数增长，我们的生意机会就在这里面得到体现。"

服务：立足配套服务出实效

成立至今，萤火工场从组织架构到服务内容都在根据创新创业的需求不断求新求变，一方面肩负着"大手牵小手，国企助力小微企业"的社会责任，另一方面也承载着元器件分销设

2015 年 11 月，萤火工场亮相第 17 届高交会，吸引了众多观众

2016 年 3 月 11 日，萤火工场携合作伙伴 NXP（恩智浦）"驶向智能未来"
大篷车亮相珠海"创客节"，吸引众多创客参观交流

计链的业务入口、探索更多创新盈利模式的职责。

随着智能硬件的迅速崛起和"互联网+"的创新应用，市场对创新产品的要求越来越"苛刻"，传统孵化平台提供场地和资金的服务模式已经越来越难满足创业者的实际需要，他们希望在最核心的"产品实现"部分得到充分的支持。

邓捷芳说，萤火工场运用"互联网覆盖+现场服务"模式，整合上下游及创投平台、孵化空间等资源，形成支持创新创业的生态圈。围绕智能硬件创新及实现，萤火工场打通了从创意孵化到产品实现，再到批量化生产的服务链条。

到目前为止，萤火工场打造了生态营销、样片中心、方案中心、萤火实验室、教育中心等五个服务子板块，构建了"市场—实践—教育"的全服务链条，重点服务以中小微企业为主的设计链。

生态营销方面，萤火工场整合上下游及创投平台、孵化空间等资源，形成支持创新创业的互利共赢生态圈，通过创新创业服务生态的合作，为企业解决找资源、找市场、找伙伴、找资金、找项目等方面的困难，搭建一个良好的互动平台。

样片中心是萤火工场的一项特色服务，基于中电港三十年的分销经验和元器件配套优势，以品类齐全、一片起售、正品保障、交易简便等为特色，很好地解除了创业者对样片购买难、易买到假货的担忧。

方案中心紧跟行业需求，不仅提供方案框架，更提供成熟的交钥匙技术解决方案，还提供与方案相关的配套支撑服务，现在已经覆盖十大领域，共有 2 个技术研发应用中心，60 家细分领域技术合作伙伴，1000 个技术解决方案，为智能创新产品的快速实现提供了有力保障。

萤火实验室是萤火工场在全国各地为创新创业者提供的免费实验室。萤火实验室根据当地硬件环境发展特色，不断升级设备，完善配套服务。在深圳萤火实验室就有价值 30 万元的Wi-Fi 综测仪、价值 35 万元的蓝牙综测仪、价值 20 多万元的网络分析仪和频谱仪等，这些设备非常受欢迎。

"萤火实验室在中电港萤火工场能够直接申请使用，面向社会免费开放。无线领域的创客，如物联网的创客经常会来到我们实验室做测试。因为设备较贵，一般创客不会购买。比如做蓝牙的创客，需要用到蓝牙综测仪测试蓝牙性能，需要网络分析仪测试天线阻抗，都会来我们实验室做测试。我们会有专职的现场技术支持工程师协助客户测试和调试。客户非常信赖我们，经常排队来进行测试。大部分客户都得到满意的调试结果，少数客户因为电路设计不好，需要改版后再来测试。"萤火实验室负责人张轩轩介绍。

教育中心主要针对智能硬件飞速发展、行业瞬息万变的现状，配套优质的教学教程，建设一个以行业专家、导师为主的教育中心，为工程师和电子从业者提供一个学习、交流的线上线下平台。

邓捷芳说，未来，有了更充足的发展空间后，萤火工场会提升各种服务水准：一期目标样片库存品种 5 万种以上，虎门 4 万平方米物流中心支持，涵盖全球前 200 家半导体公司；正在筹建巨大的毫米波实验室、电磁兼容实验室等高端实验室，为创客项目提供更高水准的技术支撑。

【创业心路】

帮助创客实现创意

刘迅

萤火都是很弱的亮光，但它常常给黑夜中的人带来希望。

很多创意设计项目，一开始就像萤火一样微弱，但充满了希望。我们创建萤火工场，就是希望能尽我们的力量，帮助这些创意设计项目的"萤火"变得更亮，帮助他们实现创意。

反过来，他们成功实现量产后，也可以推动中电港平台元器件分销电商业务的发展。

【人物档案】 ♀ 刘迅

　　刘迅，中电港总经理，萤火工场创客服务平台项目总负责人。2015 年 5 月被《国际电子商情》评为"年度最具影响力人物"。

第十节　思享空间：打造最大 AR/VR 生态圈

思享空间成立于 2016 年，是深圳市百万城电子商务有限公司用共享经济模式打造的 AR/VR 社区。

思享空间创始人郑年武说："我的目标是将思享空间打造成中国最大 AR/VR 社区。增强现实（AR）和虚拟现实（VR）技术能够帮助人们更好地认识世界，前景广阔。我瞄准这个领域，集聚一批有志于在 AR/VR 领域创业的年轻人，孵化一些优秀的项目和企业。"

用共享模式聚集创客精英

思享空间内部与其他空间区别甚大：除了会议室、洽谈区等商务设施，还有冲凉房、洗衣房、电话间等生活设施。

郑年武有自己的独特设想："年轻人为什么喜欢在一线城市打拼？主要是为了很便利地交易和互动。如果在一个空间里可以完成交易和互动，那么他们就不会离开这个空间。所以我当初是想把四星级酒店完全压缩在一个 2000 多平方米的空间里，装修花了不少钱。这个 AR/VR 生态社区可以给创客提供最理想的交易与互动场所。"在这里，连卡座都可以打开成为舒适的床。这些包括变形家具在内的工作、生活设施可以让创客一个星期也不用下楼。

作为一个垂直创客空间的创始人，郑年武为何独独选中 AR/VR 这个领域呢？他说："我认为这个最新技术将有巨大的产业前景，于是在 2016 年春天创办了思享空间，在这个 2000 多平方米的空间里，控股或参股 30 家 AR/VR 企业，现场 200 人协同工作，外围千余人紧密合作，通过网络形成百万级 O2O 社群。这样一种共享模式，可以把行业内的共性技术难题很快地解决，有可能在这个新兴行业发展中站在潮头。"

这种共享模式的好处是显而易见的：在 AR/VR 生态圈可以找到估值更合理的投资标的；专业人员协作，可以更快、更好地产生研发成果；垂直供应链成本更低；垂直销售渠道效率更高；生态圈抗风险能力更强，潜在回报率更高。

帮助创客团队快速成长

和动力数码影像科技有限公司（简称"和动力"）总经理丁柯夫对自己在最困难的时候遇到郑年武感到非常幸运："我创业了十一年，最初是做大型游戏机，后来受到手游的冲击与国家政策的影响，业务向 AR/VR 转型，做一些企业展厅设计的工程项目。后来由于回款不顺，资金链条断裂，企业从 100 多人收缩成几个人。这个时候我遇到了郑年武，他看好我们团队的工作经验和技术积累，对接了很多资源给我们，为我们免费提供了在思享空间里的 200 平方米办公场地，还介绍重要的客户给我们，帮助我们承接项目。"

郑年武眼中的和动力团队，虽然资金链断裂，但他们掌握的 AR/VR 先进技术很有应用前景，于是决心用自己的人脉和资源帮助这群落魄却坚强的创业者。丁柯夫介绍，和动力团队当时拥有 3 项发明专利、60 多项软件著作权，其中微信礼品机、教育 AR 全息机具有很好的转化前景。郑年武首先为他们对接了专门做创新课程开发的华德恩教育，双方签订了战略合作协议，把和动力的教育 AR 全息技术引入华德恩的创新课程设计里。接下来，郑年武将为和动力引荐投资者，全面负责资本运作。

丁柯夫说："我来到思享空间，感觉自己找到了家。这里有志同道合的伙伴，也有赏识我们团队的郑年武董事长，过去积累的技术成果还能继续发光发热，这真是非常难得的事情。"如今，丁柯夫已经成为思享空间的总经理，是郑年武团队的得力干将。

深圳市潘多拉虚拟与现实科技有限公司（简称"潘多拉"）2016 年 7 月入驻思享空间，一下子就让郑年武眼前一亮。潘多拉是 VR 行业的视频平台，它对几百家 AR/VR 企业做了梳理，上下游产业链的行业资源十分丰富。郑年武入股了潘多拉10% 的股份，让这个企业的发展风生水起——这对其他的创业

思享空间产品展示区

团队也有很多帮助。郑年武介绍，潘多拉有一项叫"雷达跟踪"的新技术，只要最新的 AR/VR 技术一出现，就可以扫描搜索出来，这对技术研发者而言是非常好的工具。

郑年武坦诚地说，以过去的从业经验，自己更擅长项目后期的大额并购、重组。目前思享空间还需要较长时间的培育，所以他也寻求一些外部投资人的帮助，一方面帮助筛选入驻项目，另一方面对接更多资源帮助小微企业成长；在这个过程中，思享空间既是充满希望的初创项目苗圃，又是聚集众多创新资源的聚合器。

一站式最前沿的定制化解决方案

虽然 2016 年才运营思享空间，但郑年武对创客团队已经有了较为深入的了解，也坚定了他对共享模式的信心。他非常明白很多创业团队的难处，虽然他们有很强的技术创新能力，但由于规模很小，在获取订单，尤其是大订单方面，总是处于劣势，于是他就想以思享空间为平台，向市场提供一站式定制化解决方案，承接大型业务，再分给空间里的创业团队。2017年 1 月底，深圳一个新建商业中心"VR 看楼项目"招标，要用虚拟现实技术让消费者能身临其境地看楼盘。最后，这个项目被思享空间一举拿下。

思享空间的合作企业

郑年武对入驻的创客项目如数家珍。他说："就拿销魂广告公司的技术来说，他们录制了法国酒庄酿制葡萄酒的过程，消费者在购买葡萄酒的时候能够身临其境地看到酿酒过程，这就增加了文化体验。正在合作的一家茶叶店，他们就用虚拟现实技术给消费者展示茶农如何采茶、如何制作普洱茶，增加消费者对中国源远流长的茶文化的体验。文化内涵是消费升级的重要途径，文化内涵的呈现需要更鲜活的表达形式，AR 内容营销应运而生。AR 内容营销引领互联网营销进入新时代，推动品牌与用户对话，拉近心理距离，缩短决策路径，增强消费体验。比如，用 AR 讲故事、用 AR 秀技术、用 AR 强化体验感、用 AR 做互动游戏、用 AR 秀理念，可以做的事情太多啦！"

在思享空间可以看到各种 AR/VR 的技术成果和应用场景。比如，AR 营销，把手机界面打造成最直接的供销互动界面，客户可以观看心仪的广告，供方可以精准投放广告以及对接交易；AR 分身术，可以让自己的 3D 形象片段出现在预设的时间和地点，实现随时真人影像互动；AR 游戏，将虚拟与现实场景交相融合，玩家虽然天南地北，却仍能随时在一个游戏中立体互动。

郑年武说，2016 年仅仅是起步阶段的小小尝试，2017 年则有了较快的发展，整合 AR/VR 团队为深圳甘坑客家小镇、贵安 V 谷小镇、成都洛带博客小镇等提供系列解决方案。未来，思享空间肯定还有更广阔的发展空间。

【 创业心路 】

用共享模式帮助创客拿单

郑年武

我 2016 年才开始运营思享空间，但对创业团队已经有了较为深入的了解。我看到有些创客团队规模不大，有的才三五个人，有的十几个人，但他们的技术创新能力很强，有的方面可能比腾讯、阿里巴巴这样的巨无霸企业还更有创意。但在拿单方面，由于这些企业规模很小，资质不够，所以获取大订单有难度。我就想以思享空间为拿单的平台，向市场提供一站式定制化解决方案，包括虚拟现实、增强现实、全息投影、体感互动、多曲面投影、脑波控制、应用程序开发、微信小程序开发等，而大型业务接下来后，可以分给几个团队去完成。

【人物档案】 ◉ 郑年武

　　郑年武，深圳市百万城电子商务有限公司董事长，思享空间创始人。曾任职于长城电脑、联合金融集团、飞扬集团。

第十一节　开放制造空间：为创客做好
产业链的技术服务

　　深圳有一个面向硬件创客的平台——开放制造空间。"80后"小伙子尚松是该平台的创始人。

　　尚松介绍："开放制造空间 2013 年 3 月成立，是国内第一家将创客、硬件创业者同制造业产业链连接起来的开放式制造空间，自运营以来，中间经过一次转型，从供创客 DIY 的开放式空间变成为创客提供专业技术和供应链服务的垂直型空间，商业模式也从收取会员费转变成收取项目服务费。"

发端：做个更大、工具更全的创客空间

　　2013 年年初，尚松从一本商业杂志上看到一篇介绍美国商业化运营的创客空间 TechShop（技术工坊）的文章。那时国内的创客空间还比较小，而尚松想做个更大、工具更全的创客空间。这一年 5 月，尚松专程飞到美国考察 TechShop。

尚松从美国回来的第一件事，就是为开放制造空间（英文为"TechSpace"，与TechShop拼写类似）找一个合适的场所，要交通方便，而且租金不能太贵。"场地很难找，不是太贵就是太偏，"尚松说，"我找了三个多月，跑了无数家中介，一次偶然的机会，在科技园麻雀岭这个旧工业区的最角落里发现了一个300平方米的场地。"

开放制造空间从空间规划、设计装修到设备选择全是尚松一个人在做。依照考察TechShop的经验，开放制造空间设立了五金区、电子区、木工区、激光切割区、3D打印区、办公区和休闲区，配备了数控机床、激光切割机、3D打印机、木

开放制造空间的设备

工设备、电子焊接、测试设备等工具，总投资超过 60 万元。

2013 年 9 月，开放制造空间开始试运营时，是当时全国规模最大、工具最齐全的创客空间。那时"创客"一词还未流行，这仅仅是一群爱好者的"小圈子"。

转型：为硬件创业者提供更专业的服务

2015 年年初，"创客"一词真正走向大众——国务院总理李克强提出"大众创业、万众创新"，创客与创客空间开始被外界所关注。而这时，开放制造空间已经小有名气了，越来越多的创客、创业者、投资人在这里交流、参加活动，甚至寻找投资项目。"从中学生到海外留学生，从草根创业者到企业高管，从设计师到极客工程师，从公司老板到天使投资人，这里汇聚了深圳最早一批从创客走向创业的人，"尚松说，"但人气并不等于商业，我们的商业模式有问题。"

开放制造空间最初的商业模式与 TechShop 类似，依托收取会员费与举办活动盈利。2014 年年底，开放制造空间名义上的会员超过 300 人，但真正收费的就几十人，除了少数的创业者，多数人并没有固定的时间，也没有成熟的想法，大多是偶尔来玩或者交流一下，即便算上举办活动的收入，财务上仍然是亏损的。

"2014 年年底，我决定转型，抛弃 TechShop 的商业模式，重新确定更适合'国情'的方式。"尚松是一个善于自我反省、自我修正的创业者，他对整个创客群体进行了研究，并将其划分成两类人群：一类是纯粹的玩家，他们只求过程"好玩"，不追求产业化；另一类是创业者，他们的目标是产品化，讲究效率，希望得到专业的服务而非凡事"亲力亲为"。虽然两者都有商业机会，但同时也存在矛盾，经营一种类型的创客空间很难同时服务于这两类需求，"我们希望更好地帮助创客将想法变成现

入驻团队在讨论项目

实"。尚松决定为第二类创客——硬件创业者，提供更专业的服务。

发展：从开放型空间到垂直型平台

尚松将硬件创业分为三个阶段。

首先是 0 到 0.1 阶段。这个阶段，创客将想法变成最初的原型，他们在实验室、在家里，或者在创客空间购买各种零配件，DIY 出还不能称为"产品"的原始的功能样机，尚松称之为 0.1 阶段。"他们可能做出来只是自己用，或者做几个送朋友。自我实现是第一层价值链。"

其次是 0.1 到 1 阶段。尚松说："也有些人希望做成真正的产品，这就是 0.1 到 1 了。产品实现是第二层价值链，这时他们变成了创业者。在国内，这部分人不少。"

最后是 1 到 1×N 阶段。这是从产品原型到量产的阶段。生产需求是第三层价值链。这个过程是最难的，N 越大，难度越大。

绝大部分硬件创业项目都夭折在 1 到 1×N 阶段，包括一些上了众筹平台的产品，虽然筹到了钱，却没办法批量生产，无法交货。这是为什么呢？

尚松分析了两方面的原因：一方面，创业者缺少硬件产品开发经验，只能完成从 0 到 0.1 阶段的功能样机，没有经过真正从 0.1 到 1 阶段的产品化过程，而又因为众筹、投资人的压力等原因盲目进入 1×N 的量产环节，这样做的结果可想而知；另一方面，现有的制造供应链追求的是订单稳定、批量大、工艺成熟，很难服务创客这类工艺要求高、批量小、订单不确定、开发变数多的产品。

过去，创业者属于销售驱动型，行业经验比较丰富，又有一定的资源，"躲"在民房里就能做出很好的产品，用销售获利投入到开发中，推动项目成长。他们害怕被"山寨"，往往不愿意公开项目。而现在创客大都属于投资驱动型，他们通常比较年轻，经验相对较少，能来到创客空间参加各种活动，主动公开项目，吸引投资者尽早入场，用投资者的钱去开发和扩大生产。这类创客创业需要尽早完成硬件设计，做出合格的产品，才能更快地吸引到投资。软件编程、硬件设计、结构设计、对接生产等对他们来说都是巨大的挑战。"如果能帮助他们快速、专业地产品化，解决进入生产的问题，他们是愿意支付费用的。"尚松说。

于是，尚松把开放制造空间从开放型的空间转型成垂直型的平台，而且搬到了产业链更为密集的深圳宝安区，组建了一支由硬件工程师、软件工程师和结构工程师组成的技术服务团队，商业模式从收取会员费转向收取技术服务费，对入驻的创客项目进行筛选，只针对有产品化意愿的团队。2016 年，开放制造空间全年收取的技术服务费超过 200 万元，这是转型成功的一个标志。"现在算是 TechSpace 2.0，我们为自己取了一个新名字——DemoExpress，意思是快速帮助创客实现产品。"尚松说。

尚松介绍了一个典型的案例：2014 年年初，王磊从加拿大回国，准备创业，从一开始就成为开放制造空间的会员。他当时有个创意，就是做一种智能眼罩，能够有效地帮助人们改善睡眠。在开放制造空间工程师的帮助下，王磊完成了最初的团队组建、产品定义和原型设计。2014 年年底，王磊带领团队入驻中科创客学院，成为中科创客学院的第一批成员。王磊在这里创办了深圳呼噜科技公司，参加了高交会，获得了中科院睡眠健康领域专家的悉心指导，产品技术有了很大的提升，让"光照技术改善睡眠"由一个概念变成一个可行方案，并申请了发明专利，还顺利获得了投资商的投资。2015年年底，王磊又找到了转型后的开放制造空间，提出技术服务的需求。开放制造空间的专业团队帮助王磊进一步优化智能眼罩的硬件设计，缩短了产品化的周期，使产品得以顺利推向市场，在京东众筹上顺利进行众筹。

"王磊这个案例很有趣，开放制造空间在转型前和转型后分别帮助他们完成了从0到0.1和从0.1到1这两个阶段。"尚松说。

探索：打造服务创客的产业链

2016年10月，"双创周"期间，开放制造空间承办了深圳宝安区的"创客供应链梦工厂"展览。该展览将创客与现有的制造产业链相结合，从创客空间、工业设计、手板制造、3D打印与模具、硬件方案设计、电子生产、机器人智能制造、认证检测等制造业节点到代表企业，展示深圳强大的制造业产业链如何帮助创客的产品走完从创意诞生、设计研发到制造测试的完整过程。

　　"我们都是创客产业链上必不可少的节点，大家在一起可以帮助创客的创意落地，完成从样机到产品的阶段，也能帮助创客完成批量化生产。每个节点都需要创新，我们都需要与时俱进。大家一起打造精准而全面的产业链服务，不仅对创客来说是很有必要的，对深圳的制造业转型和智能制造也是一种有益的探索。对开放制造空间，我们将自己定位为创客链条的最前沿，传达'BRING YOUR IDEAS TO LIFE'（梦想成真）的理念，为创客提供更好、更专业的服务，也希望为深圳打造优秀的创新创业环境与创客之城贡献自己的力量。"尚松自豪地说。

【 创业心路 】

创业一定要找准市场定位
尚松

我创业至今，还谈不上有什么深入的"感想"，但的确有一些东西值得反思和总结。

2013 年，我创立了 TechSpace，一开始只是感兴趣，并未用做公司的心态去经营，虽然也尝试过很多商业化的方法，还是很难达到财务平衡。这种状况维持了两年。虽然我们把创客作为客户，但并未真正了解客户的定位。"创客"是一个非常广泛的概念，从爱好者、发烧友到创业者，不同行业，不同需求，我们无法提供让所有人都满意的服务，最后只能绕着弯，想办法让"羊毛出在猪身上"。事实证明这样做不仅效果很差，而且浪费更多时间和精力。究其原因，一是无核心竞争力，二是无核心客户定位。

2015 年，我们调整了定位，客户是硬件创业团队，核心能力是软硬件技术，商业模式是最简单的开发服务收费。我们把这三点融入 TechSpace 之中，让我们在整个价值链上能够贡献更多，更加主动地面对上下游资源与客户。对客户来说，TechSpace 不再是一个资源中介，而是能真正解决他们的问题的资源提供者，而且效率更高。

"羊毛出在猪身上"固然很好，但对于我这样的创业者来说，与其花时间寻找这个美丽的故事，还不如多接地气，找准定位，踏踏实实为这些创客客户提供他们最想要的服务。

【人物档案】 📍 尚松

　　尚松，深圳开放空间科技有限公司创始人。曾从事半导体领域的技术开发、市场销售等工作。

第十二节　前海创投孵化器：开风气之先

2015年9月1日，深圳前海创投孵化器有限公司（简称"前海创投孵化器"）成立于深圳前海合作区，是中国第一家政府注册的创投孵化器。在全国各地纷纷推出专门孵化创业项目的创客平台之时，前海创投孵化器另辟蹊径，专门培育创业投资机构，专注于产业资本向金融资本转型。

相较于为创业主体服务的创业孵化器，前海创投孵化器通过引入卓越创投作为教练机构，共同为拟进入创投领域的个人和机构提供创投知识、技能、信息、资源、运营等一整套培育支撑体系，提升创投主体的质和量。

开创"孵化创投主体"模式

余登魁是前海创投孵化器创始人、总经理。他认为，以孵化培育创投主体为主业的前海创投孵化器模式，既是对创投产业链条的延展，也是对传统孵化器的升级。在余登魁看来，国

内"创多投少"的局面催生了新的行业，这是一个重大的历史
机遇。因此，早在成立之初，前海创投孵化器便确立了"培育
创投主体，应创业创新之需，促进资本回流产业"这一使命。
与传统创业孵化器不同，前海创投孵化器的目标是孵化创投机
构，而孵化一家创投机构相当于至少孵化二十家创业公司。

　　走进前海创投孵化器的大堂，就可以看到墙上六个金属字：
创业、创新、创投。余登魁说，这"六字真言"是主创团队在
2015年提出的。而如果把时钟拨回2015年，我们会看到，当
时全国上下强调的是"创业、创新、创客"，而执行主体、投

汤大杰（左）和余登魁（右）

资主体还没有被重视，许多人还没有意识到应该把"投"提到
和"创"同等的高度。在这种背景下，前海创投孵化器能够将
"创投"和"创新、创业"并列，可以说是非常具有前瞻性的。
而从 2015 年下半年和 2016 年创新创业的发展趋势来看，前
海创投孵化器确实是抓住了一个重大的历史机遇——

2015 年 8 月 20 日，全国人大财政经济委员会副主任委员
辜胜阻在《经济日报》上撰文，指出"新一轮创业创新浪潮由
创业、创新和创投'铁三角'联合驱动"①。

2016 年 9 月 1 日，国务院常务会议提出要"丰富创投主
体和模式，支持行业骨干企业、创业孵化器、产业（技术）创
新中心、保险公司等机构投资者参与创业投资，培育合格个人
投资者，壮大面向种子期、初创期中小企业的天使投资"②。

2016 年 9 月 20 日，国务院发布《关于促进创业投资持续
健康发展的若干意见》，明确要求各级政府"大力培育和发展
合格投资者"，"培育多元创业投资主体"，"多渠道拓宽创业投

---

① 辜胜阻：《新一轮创业创新浪潮的六大特征》，《经济日报》2015 年 8 月 20 日第 14 版。
② 《李克强主持召开国务院常务会议》，中国政府网 2016 年 9 月 1 日，http://www.
gov.cn/premier/2016-09/01/content_5104445.htm，访问日期：2017 年 10 月 5 日。

资资金来源","加强政府引导和政策扶持"①。

2016 年 10 月 10 日，国务院印发《关于积极稳妥降低企业杠杆率的意见》，特别指出"大力发展私募股权投资基金，促进创业投资"，"有序引导储蓄转化为股本投资"②。

在这样的背景下，前海创投孵化器有限公司开创的"孵化创投主体"模式受到了国家的重视。2017 年，主管国家"双创"的国家发改委高技术产业司来深圳调研的第一站就是前海创投孵化器。前海创投孵化器申报的《孵化培育创投主体与提升创新创业平台能力建设研究》课题，成为深圳市发改委上报国家发改委高技术产业司的两大调研课题之一。

三位一体的孵化服务体系

汤大杰是前海创投孵化器董事长，从事投资二十余年，有着成功的投资经历和众多优秀案例。他曾公开描述前海创投孵

---

① 《国务院关于促进创业投资持续健康发展的若干意见》，中国政府网 2016 年 9 月 20 日，http://www.gov.cn/zhengce/content/2016-09/20/content_5109936.htm，访问日期：2017 年 10 月 5 日。

② 《国务院关于积极稳妥降低企业杠杆率的意见》，中国政府网 2016 年 10 月 10 日，http://www.gov.cn/zhengce/content/2016-10/10/content_5116835.htm，访问日期：2017 年 10 月 5 日。

化器的运营模式："在线上线下服务平台上，为想成为投资人和投资机构的客户提供'创投启蒙''投资实战''圈层经营'三位一体的孵化服务体系。"

因此，前海创投孵化器十分重视创投产业链上游环节的培育，致力于为创投行业培育更多主体和合格投资人。这方面已经有不少成功案例。例如，深圳市远望谷信息技术股份有限公司（简称"远望谷"）负责人从媒体报道中了解到前海创投孵化器的运营模式后，主动上门，探讨借助前海创投孵化器的平台能力，培育创投板块的业务合作。2016 年年底，在前海创投孵化器的推动下，远望谷与其教练机构勤智资本合作发起设

前海创投孵化器·前海创投班授课现场

立面向物联网相关领域的产业投资基金，规模为 7 亿元。

余登魁认为，投资本身是一门非常专业的学问，需要系统学习，即使学习后不愿意做投资，那也是一种对自我的重新定位和新的收获。"我曾经接触一名企业家学员，他本来怀揣数千万元信心满满地要挑项目投资，但是经过前海创投孵化器的专业培训后，居然不愿意做投资了，主要原因是他认识到自己的知识结构完全不适合做产业投资。"

此外，前海创投孵化器特别注重创投体验和实战，努力将客户孵化成有判断力的投资者。汤大杰认为，创投行业应该尽快实现"创投体验化、创投透明化"，投资人应该争取把创投

前海创投孵化器主办的"2018 新经济创业投资论坛"

作为手艺和事业传授给更多人。

前海创投孵化器的实战培训过程非常讲求实效，一些客户可以跟着教练机构一起做投资项目。比如，星环信息科技（上海）有限公司（简称"星环科技"）主要是做大数据核心平台数据软件的研发、销售与服务，是国内极少数掌握企业级大数据核心技术的高科技公司。2016 年 5 月，前海创投孵化器的会员跟随教练机构在星环科技 B 轮融资的时候投资 1500 万元。深圳国民飞骧科技有限公司（简称"国民飞骧"）专注于无线通信射频芯片的研发和销售。前海创投孵化器教练机构在为孵化器会员剖析项目时指出，无线射频芯片已经是 200 亿美元的大市场，而 5G 的应用和物联网的兴起将进一步推高市场需求量。2016 年 12 月，国民飞骧 A 轮融资的时候，前海创投孵化器部分会员参与了这个项目，携手教练机构总共投资了 4000 万元。

前海孵化器还通过品牌输出、模式输出，服务创业型孵化器转型升级，培育创投业态，吸引、留住创业者，投资、服务创业者。2016 年以来，前海创投孵化器应各地政府、团体和企业邀请，加大模式输出和运营合作力度，使带着前海烙印的金融创新成果走向全国，收获"前海新模式""前海新标准"
等赞誉，也获得一系列荣誉。例如，在南方财经全媒体集团《21
世纪经济报道》主办的"2016 亚洲产业与资本峰会"上荣获
"2016 亚洲资本金方向奖"，被评为"卓越创新孵化器"，是唯
一获奖的孵化器；荣获第三届前海风云榜"十佳行业企业"称
号。而中国金融学科终身成就奖得主张亦春曾在接受媒体专访
时说，期待前海创投孵化器成为"新兴创投机构之母，创业创
新力量之源"。

【创业心路】

要有"切入点"的思维

余登魁

创业就是创造，创造就要寻找"终极切入点"，这个思维模式让我们切入了催生创投转化的新行当。

架构商业模式和平台，我们团队提倡要有"切入点"的思维。用我们的话说，就是一定要找到"前端的前端的前端，原因的原因的原因"，把各种要素分切到不能再切的根本为止，把逻辑线条推理到不能再推理的根本为止，只要抓住了这些"根本"，一切就会豁然开朗，顺理成章，事半功倍。

2015 年，我们发现创业主体数量井喷，所以运用这种思维，寻找到了"创投"这个终极切入点，把商业模式从服务创业向催生创投转化，通过培育更多创投主体，进而服务更多企业。这就是"切入点"的思维在具体业务中的应用。

【人物档案】 ● 汤大杰

　　汤大杰，前海创投孵化器有限公司创始人、董事长。曾任深圳市创新投资集团副总裁、深圳高新投集团董事总经理、深圳机场集团副总经理。出版专著《中国证券投资基金行为及其市场影响研究》。

【人物档案】 📍 余登魁

　　余登魁，前海创投孵化器有限公司创始人、董事总经理。曾任西南财经大学中国新四板研究中心理事长、厦门大学金融研究所兼职研究员。

第十三节　松禾创新孵化器：给创业者
丰富的"资源池" ①

松禾创新孵化器由深港产学研与松禾资本联合发起，于2015年在深圳设立，受托管理松禾资本的早期项目专项基金。松禾创新孵化器设有两处独立孵化空间，其中南山基地空间面积超过1500平方米，专注于泛娱乐、大数据和互联网金融领域的投资与项目孵化；龙华基地空间面积超过10000平方米，专注于人工智能、精准医疗领域的投资与项目孵化。

松禾创新孵化器总经理张云鹏说："松禾资本投资了上百家公司，其中已经上市的公司就有几十家，这本身就是一个庞大的资源池。"

给创业者提供一个庞大的资源池，是松禾创新孵化器最引以为傲的地方。

---

① 张云鹏接受采访的时间为2017年10月，个人简介资料更新至2018年3月。

想把投后服务做实

因为背靠松禾资本，"不差钱"自然而然成了松禾创新孵化器的一个重要标签。截至 2017 年 10 月，松禾创新孵化器配套基金累计投资金额超过 10 亿元。

张云鹏说，入驻松禾创新孵化器的团队，大多已获得松禾创新的投资，因为孵化器有配套的专项早期基金。例如 2016 年，在跟松禾资本敲定了投资事宜之后，曾登上央视春晚舞台的乐聚机器人的研发团队从起家之地哈尔滨南下，进驻位于深圳南山区软件产业基地的松禾创新孵化器。

松禾创新孵化器受托管理的"松禾创新一号""松禾创新二号"两只早期基金，累计已经投资项目 50 多个，其中包括悦动圈、杰普特、次元仓、乐聚机器人、第一健康、觅房等优秀项目。

张云鹏坦言，做投资和做孵化，这两件事其实并没有必然联系。而将"孵化"单独拎出来，成为一项新事业，就是想把投后服务做实。"创业团队越是早期，我们为他们做的工作就越不该仅限于'投资'。投资完成，只完成了工作量的四分之一到三分之一。真正费心费力的，是投后服务。投后服务相当于把创业公司扶上马，再送一程。而做孵化器，就是要把'送一程'做得更精细，更深入。"

创业者才是最核心的资源

张云鹏说："我们给创业团队提供一个非常强大的资源池，这是松禾创新孵化器最值得骄傲的地方。资源不是凭空而来，而是多年的积累。松禾资本投资的企业有 400 多家，其中有 40 多家上市公司，近 20 家新三板挂牌企业，这都是我们的资源，即使孵化的企业不能上市，也能帮助他们对接业务，或者提供上市企业并购的机会。"

业内人士都清楚，松禾创新孵化器有一个高端的"朋友圈"，从创业团队所需的工程师，到准上市公司所需的财务总监、董事长秘书，松禾创新孵化器都能牵线，完成高效和高精准度的匹配。当然，这些都并非一日之功。张云鹏坦言，要投入足够长的时间，才能积累足够多的资源，合作才会顺利。

丰富的资源，既包括资金、人脉、渠道，也包括丰富的投融资经验，这恰恰是松禾资本的优势。厉伟投资迪森股份就是一个典型的案例。迪森股份是生物智能领域的一家领军企业，但在 2009 年的时候只有 100 万元的利润，很多投资机构观望了很久都不敢投资。张云鹏回忆："当时，迪森股份负责人认为融不融资无所谓，因为企业可以自己滚动发展。厉伟的一句话深深打动了这位负责人。厉伟说：'再生能源是大事，如果企业发展得太慢，就会做得很小。做小了，还不如不做。因此特别需要资本推动，加快这个产业的发展。'迪森股份最终接受了松禾的投资。从完成这笔投资到登陆创业板，迪森股份只花了三年时间。迪森确实借助资本市场的力量推动了企业的高速发展，确实把再生能源事业越做越大。"

关于资本和创新的关系，厉伟曾说过："资本是创新的辅助性因素，而非决定性因素。创新者才是创新的决定性因素。创新者是画画的，投资人是看画的。人家是主角，我们是配角。"

张云鹏说："厉伟的这句话点到了本质，世界上根本就没有点石成金的手指，投资就是要投到靠谱的团队。正所谓'种瓜得瓜，种豆得豆'。如果投资了不靠谱的团队，想依靠管理和服务去改变失败的结局根本不可能，所以我们始终认为创业者才是最核心的资源，我们要服务好他们，帮助他们走向成功。"

提供按需服务，彰显真功夫

"为入孵企业做服务要付出很多时间和精力，按需为创业团队提供各种服务，才彰显我们的真功夫，当然，创业团队也会感觉受用无穷。"张云鹏说。

因此，松禾创新孵化器不开"大课"，不做规模化的交流会，而是找业内人士给团队做闭门服务，例如请在大疆、华为工作七年以上的老员工来和创业团队交流，答疑解惑。"每个团队只允许 CEO 参加。人没那么多，大家才会讲真话，讲干货。"相比宣传效果，张云鹏更在乎的是服务效果，他直截了当地说："活动不能成为孵化器搞公关的手段，要给参与团队带来真东

松禾创新孵化器入驻团队办公场景

西。"

作为松禾资本的掌门人，厉伟不止一次强调，要做好孵化器一定要懂服务。他说："有时候我们会请一些资深律师、会计师、投资人定期辅导孵化的企业。这当然好。但更重要的是，我们要懂得如何服务，要懂得企业到底需要什么。一个大律师不一定懂得小企业需要什么。大律师讲的东西，小企业可能听不懂。而企业的需求却可能是专家不一定会考虑的东西。懂服务就一定要懂得企业的需求是什么，要接地气。一个初创项目和一个有规模的企业，需求是完全不一样的。就是在同一件事情上，需求都可能不一样。因此，要懂得如何提供有效服务。再有一点，我们必须会服务。就算懂得企业需要什么样的服务，你还必须会服务，能让企业接受你的服务。有些人虽然很专业，但为什么企业不愿意接受他的服务？是因为他不会服务。你顾及人家的面子了吗？你给人家充分的尊重了吗？企业家、创业者都是有尊严的人。谁知道，今天一个求你给投资、听你辅导的人，不会是未来的马化腾呢？所以我们一定要懂服务，要能够真正了解创业者的需求；要会服务，要给服务对象充分的尊重。"

松禾创新孵化器已投企业 Logo 墙

那么，松禾创新孵化器的服务给入孵企业带来真正的实惠了吗？深圳市盛祥科技开发有限公司（简称"盛祥科技"）董事长徐爽说："松禾的服务，将我们从一家传统加工制造企业，助推成一家弄潮新科技的现代企业。"盛祥科技原本是一家传统制造业公司，专注于图像领域的开发和产品制造。松禾创新孵化器为其提供多次路演机会，让其接触到其他同样被投的"兄弟企业"，和这些创业公司一道，共享渠道和资源，共同创造价值。

在张云鹏眼里，松禾创新孵化器的创业者是那么勤奋拼搏，

"有的团队就在孵化器里睡觉，有的团队半夜十二点还在约人谈事情，这种创业精神真的感染了我"。张云鹏说，希望这些勤奋而聪明的创业团队，能在松禾创新孵化器的服务下，将公司打造成能给社会做出更大贡献的大企业。

为创业者服务，张云鹏感慨良多："看起来是在孵化别人，实际上同时也孵化了自己，感觉自己很拼。但创业者比我们还拼，凌晨两点还在加班，灯火通明，有的人甚至就睡在办公桌前的行军床上，这让我非常感动。中国的未来一定是在年轻人身上，一定属于敢创新、敢颠覆传统的公司。如果你不尝试去做，这个世界跟你无缘。而我能够与他们在一起拼，真的很骄傲。有时感觉自己做的事情不是为了赚钱，而是一种情怀，是在实现人生价值和社会价值。"

【创业心路】

对早期项目的投资要能宽容失败

厉伟

孵化器怎么赚钱？我认为，要围绕孵化器做一个孵化器配套基金。在建立孵化器的同时募集好配套基金。一旦在孵化器中发现好项目，可以同项目谈，例如"我给你做了这么多免费服务，我已经赔很多钱，能不能在你融资的时候，让我同等条件投点儿"。通过配套基金，让孵化器进入良性运行。

松禾资本在深圳湾做了一个孵化器，为此成立了两个基金——松禾创新一号和松禾创新二号。我认为，对早期项目的投资一定要能宽容。任何投资，特别对早期项目的投资，都面临艰苦的挑战，要时刻面对失败和挫折的考验，这需要勇气。勇气分成两类。一类是李逵之勇。衣服一脱，不管前面有多少敌人，冲上去。另一类是韩信之勇。韩信当年未出山时，有市井小人嘲笑他："你整天拿把剑，有本事杀了我。如果不敢，就从我胯下钻过去。"韩信最后真从那人胯下爬过去了。这一爬，是需要勇气的。杀掉这个人很容易，但这么做之后，还会有统领千军的韩元帅吗？还会有帮打下汉王朝半壁江山的韩信吗？还会有萧何月下追韩信、背水一战的千古传奇吗？都不会有，而且历史根本不会记下韩信，我们都不会知道曾经有过这么一个人。面对失败和挫折时，破罐子破摔与重新开始、东山再起，是需要不同的勇气的。后一种更加重要。做孵化器、投资企业，我们一定要有这后一种勇气。

我们要宽容失败，不仅宽容别人的失败，更要宽容自己的失败。不要跟自己过不去，别跟自己较真，这样得不偿失，甚至你的亲人也会受害。

【人物档案】 ◉ 张云鹏

　　张云鹏，松禾资本合伙人，松禾创新孵化器总经理，从事风险投资及项目管理工作多年。

【人物档案】 ♀ 厉伟

　　厉伟，前海母基金联合合伙人，深圳市松禾资本管理有限公司创始合伙人，深圳市松禾创业投资有限公司董事长，北京大学名誉校董，北京大学教育基金会理事，松禾成长关爱基金会理事长。